모방이 답이다!

가장 좋은 영어 학습 전략

베껴 쓰기로 끝내는 영어

베껴 쓰기로 끝내는 영어

인쇄일 2015년 12월 15일
발행일 2015년 12월 20일

저 자 유지훈
발 행 인 윤우상
총 괄 윤병호
책임편집 최준명
북디자인 Design Didot 디자인디도
발 행 처 송산출판사
주 소 서울특별시 서대문구 통일로32길 14 (홍제 2동)
전 화 (02) 735-6189
팩 스 (02) 737-2260
홈페이지 http://www.songsanpub.co.kr
등록일자 1976년 2월 2일. 제 9-40호

ISBN 978-89-7780-229-2 13740

모방이 답이다!

가장 좋은 영어 학습 전략

베껴 쓰기로 끝내는 영어

유지훈 지음

송산출판사

머리말

『베껴쓰기로 끝내는 영어』를 탈고했을 때 두 겹의 장벽이 떡하니 길을 막았다. 집필하면서도 생각했었지만 원고를 쓸 때는 마냥 즐거워 이를 잠시 잊은 듯싶기도 하다. 첫째, 원고를 받아줄 출판사를 찾아나서야 했고, 둘째는, 원문을 적잖이 발췌한 까닭에 출판사나 원저자에게서 일일이 허락을 받아야 했다는 것이다.

원서의 번역자라는 타이틀이 어느 정도 '면죄부'나 '특권'으로 작용할지 모른다는 막연한 기대감을 가지고 저자와 출판사를 찾았다. 의사를 타진해보니 좋은 소식이 들려왔다.

우선, 몇 해 전 한국일보 기자의 의뢰로 필자가 중간에서 인터뷰를 요청했을 때 이를 흔쾌히 허락해준 라즈 파텔Raj Patel에게 감사드린다. 원서를 발췌할 계획을 밝히자 즉각 "OK" 사인을 보내왔다. 답장이 금방 와서 더욱 힘이 났다. 원고를 쓰길 잘했다는 생각도 들었다.

『퓨처 오브 레스Future of Less』의 저자 앨런 H. 쿠페츠Allen H. Kupetz는 자신의 책을 PDF 파일로 건네면서까지 마음껏 공유해도 된다는 뜻을 밝혀왔다. 거듭 감사의 마음을 전한다.

그 외에, 원문 발췌를 허락해주신 저자를 열거하자면,『Girl's Passage, Father's Duty (아빠의 사랑이 딸의 미래를 좌우한다)』를 저술한 브라이언 몰리터 Brian Molitor 를 비롯하여, 스코트 앤더슨Scott Anderson, 아더 폴 보어스Arthur Paul Boers 목사님, 윌리엄 엥달William Engdahl, 캐럴 랭커스터Carol Lancaster, SBS 서울디지털포럼 사무국의 박준석 PD님 등, 모두에게 감사드린다.

모방이 답이다!

필자는 딱따구리를 제법 그린다. 초등학교 시절, 인기리에 방영된 딱따구리를 날이면 날마다 따라 그려서 일취월장 실력이 늘었다. 아톰과 오리, 둘리, 스누피도 그렇게 도전한 결과 어느 정도 자신감이 붙었다(물론 그 외의 만화 주인공은 지금도 엄두를 내지 못한다). 그림을 잘 못 그릴 땐 그다지 봐줄 만 하지가 못한 까닭에 창의력을 발휘해봤자 별 소용이 없었다. 비단 그림뿐 아니라 노래, 글쓰기, 영어공부도 마찬가지가 아닐까 싶다. 1990년대 초, 논술 준비에 한창이던 친구를 솜솜 뜯어보니 (우리 세대는 대부분 상위권 대학 진학생만 논술을 준비했다) 모범답안을 원고지에 그대로 베껴 쓰고 있는 것이 아닌가! 그 탁월한 비결을 어디서 터득했는지는 묻지 않았지만 왠지 그러면 실력이 늘 것만 같았다.

영문을 베껴 쓰는 것도 효과가 있다. 필자는 영어 강사겸 대학 선배님의 영작을 필사한 적이 있었는데, 그분이 "영작이나 번역을 잘 하려면 좋은 글을 베껴 쓰는 것이 가장 좋은 전략"이라고 귀띔해주셨기에 믿음이 갔다.

그 방법론을 — 노하우 know-how'라는 거창한 외국어는 들먹이지 않겠다 — 이 책에 고스란히 담았다. 단순한 노동인지라 효과를 의심하는 독자도 있을지는 모르나 일단 써보면 필사의 위대한 능력에 탄복하게 되리라 자부한다. 글을 베끼다보면 작가의 표현이 내 것이 되어 글쓰기 실력을 '차용'에서 '응용'단계로 발전시킬 수 있다. 직접 쓰거나 뱉어낸 표현은 기억에 오래오래 남게 마련이다. 곧장 까먹어, 쓸 수 없는 것도 있겠지만 의외로 많이 건질 테니 괜한 걱정은 붙들어 매시라. 귀찮거나 실력이 좀 부족한 듯싶더라도 베껴쓰기는 필수라 여기고 이 책을 정독하기 바란다.

2015년 10월

번역가 유지훈

차례

책 사용법

본격적인 필사에 앞서, 각 장에는 영어 글쓰기의 이모저모를 소개할 것이다. 모두 '피가 되고 살이 되는' 가르침이니 새겨 읽고 마음 깊은 곳에 간직하고 글을 쓸 때마다 이를 적용하기 바란다.

참고로 본문은 지금까지 번역한 책 중 괜찮다 싶은 작품 11권에서 일부 발췌한 것이다(비교적 무겁지 않은 책들이다). 저자와 책의 성격상 글 쓰는 스타일이 다르고, 어휘나 어구가 천양지차인 탓에 배울 점이 많을 것이다.

본문

Every step ached, even though both my feet were elaborately swathed in white bandages. Having arrived in the city of Burgos, I had been underway for two weeks and walked about 180 miles of my pilgrimage so far. I was in a particularly pretty part of town, near a cosmopolitan university.

정독한 뒤 약 다섯 번 이상 베껴 쓴다(완전히 암기할 때까지 쓰는 것이 목표). 한 번보다는 두 번, 세 번보다는 네다섯 번 쓰는 것이 더 효과적이다. 가장 이상적인 방법은 백지에다 본문을 외워 쓰는 것인데, 그러면 작가의 글을 자유자재로 써먹을 수 있다. 한영번역이 든 작문이든, 영어 쓰기의 쾌감은 이때부터다! 단 영어를 무작정 베껴 쓰기보다는 어법과 표현 방식에 주안점을 두며 베껴 써야 원어민의 사고방식과 글 쓰는 스타일을 익힐 수 있다. 기초가 잡히지 않은 아이는 글을 의식적으로 베껴 쓰지 않아 영문이 몸에 배기가 어려운 반면, 성인은 표현과 어법을 의식하며 쓰기 때문에 영문이 비교적 빨리 체화될 것이다.

어휘

ache 아프다 / even though ~일지라도 / swathe in ~로 감싸다
elaborately 정성스레 / cosmopolitan 국제적인

가급적 능동적으로 쓸 수 있을 때까지 외운다. 독자가 모를 법한 어휘뿐 아니라 빈출 어휘도 다루었다. 단어만 따로 암기하면 영어를 쓸 때 헷갈리는 경우가 더러 있다. 예컨대, 'look' 보다는 'take a look at'을 'effort' 보다는 'make an effort to'를 'visit' 보다는 'pay a visit'를 암기해야 실제로 쓸 수 있는 단어(usable words)가 머릿속에 저장된다. 즉, 'effort'만 외우면 그 앞에 'make'가 들어갈지 'take'를 써야 할지, 'have'를 붙여야 할지가 애매하기 때문에 단어는 외웠을지 몰라도 결국에는 무용지물이 되고 만다는 것이다.

표현

Useful Expressions

even though ~에도/~일지라도

His children lean on him, even though they are adults.
그의 자녀는 그를 의지한다. 다 컸는데도 말이다.

본문에서 건진 표현을 응용한 것인데, 이 또한 베껴쓰기의 소중한 자료가 될 수 있다. 표현이 문장 속에 자리를 잡았을 때 그 다음에는 명사구가 오는지, 절(주어+동사)이 오는지 확인해야 할 때도 있다. 아울러 주어와 동사의 호응도 유심히 살펴보아야 할 대목이다.

번역

발을 내디딜 때마다 통증이 왔다. 공들여 흰 거즈를 여기저기 붙여놨는데도 말이다. 부르고스(Burgos)에 도착하기까지 2주가 흘러 지금껏 180마일의 순례길을 걸어왔다. 나는, 근방에 세계 유수의 대학이 있는 아주 멋진 도시에 있었다.

필자의 번역서를 그대로 쓴 것도 있지만 대개는 외워쓰기의 힌트를 주기 위해 의역한 문장 중 일부는 직역으로 바꾸었다. 영어를 쓰는 것도 그렇지만 원문을 읽고 분석해 보는 것도 종합적인 영어 학습에 도움이 된다. 본문의 뜻을 확인하고 나면 번역문만 보고 원문을 그대로 재현해 낼 수 있어야 한다. 이제 펜을 들고 본격적으로 글을 베껴 보자.

Are you ready?

c h a p t e r

1

결국은 뼈와 살이다!

01장 결국은 뼈와 살이다!

글은 뼈와 살로 이루어져있다

글은 크게 뼈대와 살로 나눈다. 뼈대는 주어와 서술어를, 살은 이 둘의 의미를 좀더 구체적으로 밝히는 형용사와 부사 등을 일컫는다. 물론 뼈대에 살을 붙였다고 해서 글이 완성되는 것은 아니지만 글의 기초가 되는 뼈대를 무시할 수는 없을 것이다. 시중에 유통되는 작문 책이 대개 뼈대를 세우고 살을 붙이는 '작업'을 다루듯, 뼈를 잘 세우고 살을 제대로 붙여야 글의 짜임새도 기대할 수 있을 것이다.

그렇다면 무엇이 '뼈'를 결정할까? 품사로 따져 명사일까, 동사일까? 뼈대의 방향을 결정하는 것이 바로 동사다. 즉, 어떤 동사를 쓰느냐에 따라 글의 형식이 결정된다는 얘긴데, 예를 들어, 작자가 be동사를 썼다는 것은 목적어는 쓰지 않으나 (주격)보어는 반드시 쓰겠다는 의도가 글에 깔려있다는 뜻이 된다.

Mary **was** a high school teacher a couple of years ago.
메리는 2년 전 고등학교 교사였다.

동사에는 보어뿐 아니라, 전치사와 준동사를 결정할 수 있는 권한도 있다. 'want' 다음에 부정사가 아닌 동명사를 쓰면 어색한 비문이 된다는 점이 이를 잘 말해준다. 그만큼 동사의 활용법은 매우 복잡키도 하고 딱히 일반화할 수 없는 탓에 동사만 집중적으로 '파헤치는' 책도 하나 둘이 아니다.

동사가 문장의 패턴을 결정하는 만큼 학습을 게을리 해서는 안 된다. 한 가지 권하고 싶은 비결은 활용 빈도가 높은 동사와 전치사를 정리하는 것이다. 가장 많이 쓰이는 기본동사를 중심으로 그 의미, 전치사와 결합했을 때 뜻이 어떻게 달라지는지 관찰하는 것도 매우 중요하다. 동사와 전치사를 정리하는 데 도움이 되는 책으로는 최완규 님의 『동사를 알면 죽은 영어도 살린다』와 이기동 님의 『전치사연구』가 있다. 이기동 님의 저서는 개정판이 2002년에 나왔음에도 입소문을 탔는지 여전히 스테디셀러로 자리를 굳히고 있다. 전치사와 부사를 아쉽지 않을 만큼 충분히 연구해두었으므로 여러분은 저자가 들인 세월을 헐값에 '매입'할 수 있을 것이다.

그런데 명사에도 전치사를 결정할 수 있는 권한이 있으니 그 활용 역시 눈여겨봐야 한다. 이를테면 '~의 해결책'을 영어로 쓰려면 'solution'을 활용해야 하는데 그 다음에 무슨 전치사를 써야 할지 모르면 작문의 한계에 부딪치고 말 것이다. 전치사 고유의 뜻보다는 명사와 결합하는 전치사가 따로 있으므로 영문을 읽으면서 그의 절친을 자세히 살펴보는 것이 좋다. '~의'를 of일 거라고 지레 짐작하여 '부채위기의 해결책'을 기계적으로 'solution of debt crisis'라고 쓴다면 영락없이 비문이 되고 만다. 부채위기라는 녀석이 무언가를 해결한다는 말이 되기 때문이다. 'solution to debt crisis'가 옳은 구문이다.

명사와 동사 및 전치사는 평소 영문을 관찰하고 메모해두는 습관으로 터득할 수 있다.

베껴쓰기

When you left your home today, what did you make sure that you didn't leave home without? My guess is you carried money (wallet or purse), keys, and your mobile phone. Mobile voice and data communications technology — what we generally refer to today as cellular networks and phones — is proving to be the most important consumer product.

make sure 확인하다 / generally 보편적으로 / cellular networks 이동통신망
consumer product 소비재

Useful Expressions

refer to A as B A를 B라고 부르다

Early European settlers referred to America as the New World.
초기 유럽 정착민들은 아메리카를 "신세계"라고 불렀다.

오늘 집을 나설 때 '두고 나오진 않았나' 확인했던 물건은 무엇인가? 내 추측이 맞다면, 돈(지갑, 핸드백)과 열쇠, 그리고 이동전화일 것인데, 이는 '이동 음성 및 데이터 통신기술'이 보통 '이동통신망'이나 '휴대전화'와 관련된 가장 중요한 소비재consumer product라는 방증이다.

베껴쓰기

외워쓰기

유선에서 무선으로

앨런 H. 쿠페츠

현실 그대로의 세상과 앞으로 다가올 세상을 감안하지 않으면 합리적인 결정을 내릴 수가 없다.
— 아이작 아시모프

지구상에 10억 대의 유선전화가 있기까지 약 1세기가 흘렀고, 5년이 흐르자 10억이 더 추가되었다. 2010년께 20억 인구는 단순한 전화뿐 아니라, 웹브라우저 기능을 갖춘 전화도 보유할 것이다.

오늘 집을 나설 때 '두고 나오진 않았나' 확인했던 물건은 무엇인가? 내 추측이 맞다면, 돈(지갑, 핸드백)과 열쇠, 그리고 이동전화일 것인데, 이는 '이동 음성 및 데이터 통신기술'이 보통 '이동통신망'이나 '휴대전화'와 관련된 가장 중요한 소비재 consumer product라는 방증이다.

chapter

2

좋은 표현은 알아서 건져라!

02장 좋은 표현은 알아서 건져라!

그냥 지나치기 아까운 표현은 '채집'해두라

suffice (it) to say that S+V S+V라고만 말해두다(말해도 족하다)

Suffice to say that the policy remains as stated.

방침은 언급한 그대로라고만 말해둡시다.

Contrary to popular belief 통념과는 달리

Contrary to popular belief, many cats dislike milk.

통념과는 달리, 우유를 싫어하는 고양이도 많다.

한창 영어에 재미가 붙었을 때 직접 정리했던 공책에서 몇 개 발췌한 것이다. 지나치기 아까운 표현은 공책에 정리해두고 글을 쓰거나 말을 할 때 적절히 써먹으면 그제야 글쓰기 밑천이 된다. 능동적으로 써본 표현은 잊기가 힘든 법이다.

글을 베끼면서 이건 꼭 썼으면 좋겠다는 어구는 반드시 메모해두거나 빈 공책에 정리해두기 바란다. 패턴을 알파벳순서로 일목요연하게 적어두면 영작뿐 아니라 회화에도 도움이 되므로 '일석이조'의 효과를 얻을 수 있다. 따지고 보면 회화도 모방이다.

물론 패턴을 활용한 책이 시중에 널렸는데 귀찮게 펜대를 끼적거릴 필요가 있느냐고 반박할지도 모르겠다. 하지만 그런 책이 크게 보탬이 될 거라는 기대는 금물일 듯싶다. 이율배반적인 이야기로 들릴지는 모르나, 실은 남이 정리한 것을 수동적으로 학습하는 것보다는 자기가 스스로 읽고, 베끼고, 정리해두는 편이 훨씬 낫기 때문이다. 김영로 님 역시 스테디셀러인 『영어순해』에서 "모든 예문을 영작을 위한 자료로 삼으라"고 이야기했다. 이는 예문을 직접 적어두고 적극적으로 활용하라는, 저자의 탁견이라고 생각한다.

한 가지 더 욕심을 부리자면, 본서를 완벽히 소화하고 나서 다른 책을 학습하기 바란다. 과거에도 그랬지만 요즘도 영어 학습서가 대세다. 매주 우후죽순으로 탄생하는 영어책은 자신의 존재 이유조차 모른 채 서점을 떠돌고 있다. 책이나 자료가 없어 영어를 못한다는 말은 이제 더는 통하지 않게 되었다. 그래서인지 한국인의 '위'가 아주 약해졌다. 영어책 한 권도 제대로 소화하지 않고 다른 책을 구입해서 산더미처럼 쌓아두기 때문이다.

이 책만이라도 완벽히 소화하면 좋겠다. 번역문을 보거나 암기해서 쓸 수 있을 만큼 공부한다면 비록 시간은 더딜지라도 실력만은 타의 추종을 불허하리라 자부한다. 영어든, 국어든, 수학이든 정석과 정도를 벗어난 학습은 수명이 짧은 데다 좋은 결과를 기대할 수 없다. 책을 많이 봤다는 자랑보다는 제 뜻을 한 문장이라도 자신 있게 쓸 수 있는 실력이 중요하다.

베껴쓰기

It is even more important than the personal computer, because the mobile phone shows the promise of becoming the personal computer for billions of people who couldn't otherwise afford one. Wireless technology enables humankind's inherent desire for mobility. The global information revolution brought about by the Internet and the World Wide Web, coupled with mobile wireless technology, has changed the world forever.

otherwise 다른 경우라면 / enables ~할 수 있게 하다 / coupledwith 과 더불어

Useful Expressions

otherwise 다른 경우라면 / 그러지 않으면

Make a note of the questions you want to ask. You will invariably forget some of them otherwise.
묻고 싶은 질문은 적어두어라. 그러지 않으면 몇 가지는 항상 잊어버릴 것이다.

개인컴퓨터보다 훨씬 더 중요한 까닭은 형편이 여의치 못해 컴퓨터를 구입할 수 없는 수십억 명에게 이동전화도 컴퓨터의 기능을 '소화'할 수 있다는 것을 보여주었기 때문이다. 무선기술은 이동성mobility을 둘러싼, 인류의 내재적인 욕망을 낳았다. 이동식 무선 기술과 인터넷, 그리고 월드 와이드 웹이 몰고 온 '국제정보화혁명'으로 세상은 아주 달라졌다.

베껴쓰기

베껴쓰기

Is it just hype? People seemed to exist just fine on the planet for a very long time without mobile phones. But like planes, trains, and automobiles, like sliced bread, 99-cent cheeseburgers, and Starbucks coffee, some products and services simply transform societies. Wireless technology has transformed the world.

hype 과대포장 / make a traditional wired phone call 기존의 유선전화를 걸다
transform 변모시키다 / automobile 승용차

Useful Expressions

like 이를테면
= such as
= including

You need to cut back on fatty food, like butter, bacon, and meat.
= You need to cut back on fatty food, such as butter, bacon, and meat.
= You need to cut back on fatty food, including butter, bacon, and meat.
지방이 많은 식품, 이를테면, 버터, 베이컨 및 육류 등은 섭취량을 줄여야 합니다.

과대포장일까? 이동전화 없이도 오랜 세월을 아무 탈 없이 지낸 듯싶으니 말이다. 그러나 항공기나 기차, 승용차, 먹기 좋게 썬 빵, 99센트 치즈버거와 스타벅스 커피 등 몇몇 제품과 서비스가 사회를 변화시켰듯이 무선기술 또한 세상을 바꿔놓았다.

베껴쓰기

베껴쓰기

There are more people using mobile phones in China today than there are people in the United States. There are hundreds of millions of people in the world who have never made a traditional wired phone call and never will.

make a traditional wired phone call 기존의 유선전화를 걸다
hundreds of millions of 수억의

Useful Expressions

there are ~이 있다

There were differences of opinion, he added, on very basic issues.
매우 기본적인 현안을 둘러싼 의견에 몇 가지 차이가 있다고 그는 덧붙였다.

오늘날 이동전화를 이용하는 고객은 미국보다 중국이 훨씬 많다. 전 세계에는 기존의 유선전화를 구경도 못한 데다 앞으로도 못할 듯싶은 인구가 아직도 수억에 달한다.

베껴쓰기

외워쓰기

개인컴퓨터보다 훨씬 더 중요한 까닭은 형편이 여의치 못해 컴퓨터를 구입할 수 없는 수십억 명에게 이동전화도 컴퓨터의 기능을 '소화'할 수 있다는 것을 보여주었기 때문이다. 무선기술은 이동성mobility을 둘러싼, 인류의 내재적인 욕망을 낳았다. 이동식 무선기술과 인터넷, 그리고 월드 와이드 웹이 몰고 온 '국제정보화혁명'으로 세상은 아주 달라졌다.

과대포장일까? 이동전화 없이도 오랜 세월을 아무 탈 없이 지낸 듯싶으니 말이다. 그러나 항공기나 기차, 승용차, 먹기 좋게 썬 빵, 99센트 치즈버거와 스타벅스 커피 등, 몇몇 제품과 서비스가 사회를 변화시켰듯이 무선기술 또한 세상을 바꿔놓았다.

오늘날 이동전화를 이용하는 고객은 미국보다 중국이 훨씬 많다. 전 세계에는 기존의 유선전화를 구경도 못한 데다 앞으로도 못할 듯싶은 인구가 아직도 수억에 달한다.

Writer's Profile

앨런 H. 쿠페츠Allen H. Kupetz

롤린스 대학 크러머 경영대학원에서 국제경영과 기술관리를 가르치고 있다. 글로벌 경영 컨설팅회사 Kpartnerz의 사장이기도 한 그는 〈포춘〉지가 선정한 500대 기업을 대상으로 컨설팅을 하고 있으며, 1992년 이후 전 세계 30여 개국을 순회하며 '기술과 그 영향력'이라는 주제로 강연활동을 벌이고 있다.

chapter

3

기호 활용하기

03장 기호 활용하기

문장부호punctuations는 피할 수 없다

자주 쓰이는 문장부호는 우리말보다는 영어가 더 많다. 원서를 번역하다보면 대시(—)를 일일이 풀어서 옮길 수도 있지만 그대로 살릴 때도 더러 있다. 일부 독자는 이를 거추장스런 '사족' 정도로 치부할지도 모르겠다. 어쨌든 글로 써서 나쁠 건 없지만 기호를 사용하면 글로는 나타내기 어려운 것을 표현할 뿐 아니라 시간을 조금이나마 단축할 수 있다. 물론 어디까지나 영어에서 그렇다는 이야기다.

기호도 문자 못지않게 제 역할이 있으니 함께 문장부호를 조목조목 정리해보자(물음표나 마침표 등 기본적인 부호는 생략함). 특히 영어를 쓸 땐 약방의 감초노릇을 톡톡히 할 것이다.

COMMA(,) 쉼표

1. 어구를 열거할 때

She talked fluently, wittily(,) and brilliantly.

그녀는 유창하고, 재치 있게, 또 부러지게 이야기했다.

2. 종속절과 주절을 구분할 때

As soon as he saw me, he ran away.

그는 나를 보자마자 줄행랑을 쳤다.

3. 혼동을 막기 위해 의미를 구분할 때

"No," she said, surprisingly.
그녀가 "아니요,"라고 대꾸했다니 참 놀랍다.

"No," she said surprisingly.
그녀는 놀라며 "아니요"라고 대꾸했다.

4. 호칭을 쓸 때

Mr(Ms). Kim, I'm sorry.
김씨 아저씨(여사), 죄송합니다.

5. 동격을 표현할 때

He has ever met Brahms, a famous composer.
그는 유명한 작곡가인 브람스를 만난 적이 있다.

DOUBLE COMMA(, ,) 이중쉼표

1. 동격을 표현할 때

Mr. Anderson, the author of *To Become a Billionaire*, graduated from the UCLA.
『백만장자 되기』를 쓴 앤더슨씨는 UCLA를 졸업했다.

2. 부연 설명할 때

Jacob, who is honest, will succeed.
제이콥은 정직하니 꼭 성공할 거야.

3. 예를 들 때

Several international organizations, like the World Bank, have significant programs of foreign aid.
세계은행을 비롯한 일부 국제기구는 대규모의 대외원조 프로그램을 가동시키고 있다.

SEMICOLON(;) 세미콜론

1. 접속사를 대신 쓸 때

He knew everything about me; I nothing about him. (but의 대용)
그는 내 시시콜콜한 것까지 다 알지만 난 그를 전혀 모른다.

2. 접속사를 강조할 때

He could hear the excitement of their talk from the next room; but he could not distinguish what they were saying. (but을 강조)
옆방에서 흥미진진한 대화를 들을 수 있었지만, 웬걸, 무슨 말인지 알아들을 순 없었다.

3. 부사를 강조할 때

We were tired; nevertheless, we kept on jogging.
우린 피곤했지만 조깅을 중단하지 않았다.

COLON(:) 콜론

1. 예를 들 때

These garments must be of natural materials: cotton, silk, wool and leather.

이 옷은 천연소재(이를테면, 면과 비단, 모직 및 가죽)로 되어 있을 것이다.

2. 인용할 때

She wrote: “Female alcoholism is on the decrease.”

그녀에 따르면 “여성의 음주가 줄어들고 있다”고 한다.

3. 부연 설명할 때

Remember this significant rule: never lose hope.

희망을 잃어선 안 된다는, 중요한 룰을 기억하라.

DASH(—) 대시

1. 예를 들 때

The poor need basic things — food, clothing, and shelter.

가난한 사람은 의식주처럼 기초적인 것이 필요하다.

2. 어구나 절을 삽입할 때

Could she — should she — borrow money?
그녀가 돈을 빌릴 수 있을까? 꼭 빌려야 하나?

3. 부연 설명할 때

Pound, Williams, Eliot — the course devotes most attention to these poets.
파운드와 윌리엄스 및 엘리엇은 강좌에서 가장 주목하는 시인들이다.

ITALIC 이탤릭

1. 책이나 글의 제목을 쓸 때

I read the book from a ten-year-old in Brooklyn: *The Little Prince*
브루클린에서 10살 때 읽은 책은 『어린왕자』다.

2. 외국어를 영어로 표기할 때

Yaakov, Jacob 야코브(야곱)

3. 어구를 강조할 때

The rule applies to *any* person. 규정은 누구든 (예외 없이) 다 적용된다.

HYPHEN(–) 하이픈

1. 합성어를 나타낼 때

well-known 잘 알려진 / wood-burning 나무를 때는

2. 의미를 구분할 때

re-create 재창조하다 / self-interest 사익

베껴쓰기

Insects: The Future of Protein?

Damian Carrington

Saving the planet one plateful at a time does not mean cutting back on meat, according to new research: the trick may be to switch our diet to insects and other creepy-crawlies. The raising of livestock such as cows, pigs and sheep occupies two-thirds of the world's farmland and generates 20% of all the greenhouse gases driving global warming. As a result, the United Nations and rich countries want to reduce the amount of meat we eat and the search is on for alternatives.

cut back on ~을 줄이다 / switch A to B A를 B로 바꾸다 / creepy-crawly 기어다니는 벌레
livestock 가축 / such as 예를 들면 / generate 발생시키다 / be on ~이 진행중이다
alternative 대안 / trick 묘책

Useful Expressions

according to ~에 따르면

According to archaeologists, early man used it for fortunetelling, not for games.
고고학자에 따르면, 옛 사람들은 이를 게임이 아니라 점을 치기 위해 사용했다고 한다.

앞으로 단백질은 곤충이 책임진다?

데미안 캐링턴

최근 연구에 따르면, '차근차근 지구를 살리자.'는 슬로건은 육류 소비를 줄이자는 뜻이 아니라고 한다. 묘책은 곤충이나 '기는 녀석'으로 식단을 바꾸는 것. 소나 돼지 및 양과 같은 가축은 지구촌 농가의 3분의 2를 차지하며 지구 온난화의 주범인 온실가스의 20퍼센트를 배출한다. 그 결과, 유엔을 비롯한 여러 선진국은 육류 섭취를 줄이고자 대안을 강구하고 있다.

베껴쓰기

베껴쓰기

A policy paper on the eating of insects is being formally considered by the UN Food and Agriculture Organization (FAO). The FAO held a meeting on the theme in Thailand in 2008 and there are plans for a world congress in 2013. Professor Arnold van Huis, an entomologist at Wageningen University in the Netherlands and the author of the UN paper, says eating insects has advantages.

policy paper on ~에 관한 정책보고서 / hold a meeting on ~을 논의하는 자리를 마련하다
entomologist 곤충학자 / meat crisis 육류 파동 / consume 섭취하다 / in 20 years 20년 후

Useful Expressions

hold a meeting on ~을 논의하는 자리를 마련하다

They held a meeting immediately on regime change in Iraq.
그들은 즉각 이라크의 정권 교체를 논의하는 자리를 마련했다.

이에 유엔 식량농업기구FAO는 곤충 섭취를 거론한 정책보고서를 검토중이다. FAO는 이미 2008년 태국에서 그 같은 주제를 두고 회의를 소집했고, 2013년 세계회의world congress에서도 이를 논의할 계획이다. 네덜란드 와게닝겐Wageningen 대학에서 곤충을 연구해온 아놀드 반 휘스Arnold van Huis 교수(유엔 백서 작성자)는 곤충을 먹는 것이 여러모로 이롭다고 밝혔다.

베껴쓰기

04장 동사와 전치사에 주목하라!

동사와 전치사의 결합

앞서 언급했듯이, 동사는 문장의 뼈대를 이루는 품사로 다음에 이을 전치사나 준동사를 결정한다. 이 장에서는 동사와 전치사(특히 into와 out of)가 어떻게 협력하여 아이디어를 전달하는지 살펴볼 참이다.

흔히 into는 '안으로,' out of는 '밖으로'로 알고 있는데 그리 틀린 말은 아니다. 좀더 중요한 점은 into와 out of가 반대말이라는 것이다. 그러니 into가 아니면 out of를 쓰라. 얼추 맞을 것이다. into는 물리적인 개념으로는 '안으로'로 이해해도 무방하나 추상적으로는 '결과'를 표현한다. 예컨대, '누구를 꼬드겨서 (결국) ~하게 했다'고 쓸 때 into가 등장한다. 이때 문장의 아이디어는 '꼬드긴다'는 동사에서 전치사로 이동한다.

She **talked** him **into** leaving his job.
그녀는 그를 구슬려 (결국) 직장을 그만두게 했다.

반대말은 into 대신 out of를 쓰면 된다.

She talked him **out of** leaving his job.
그녀는 그를 구슬려 (결국) 직장을 그만두지 못하게 했다.

이처럼 동사와 전치사는 긴밀한 협력관계를 구축한다. 즉, 동사가 못한 의무를 전치사가 '인수'하여 아이디어를 완성한다는 이야기다. 그러면 다음 예문에서 동사와 전치사의 긴밀한 관계를 만끽해보자.

He **has grown into** a handsome guy.

그는 커서 잘생긴 남자가 되었다.

He **argued** her **into** taking the job.

그는 그녀와 다투어 그 직장을 얻게 했다.

She **helped** him **to** her feet.

그녀는 그를 도와 두 발로 서게 했다.

She **helped** him **into** the car.

그녀는 그를 도와 차에 타게 했다.

They **helped** me **out of** my financial trouble.

그들은 나를 도와 재정적인 어려움을 벗어나게 했다.

베껴쓰기

"There is a meat crisis," he said. "The world population will grow from six billion now to nine billion by 2050 and we know people are consuming more meat. Twenty years ago the average was 20kg, it is now 50kg, and will be 80kg in 20 years. If we continue like this, we will need another Earth."

meat crisis 육류 파동 / consume 섭취하다 / in 20 years 20년 후

Useful Expressions

grow from A to B ~A에서 B까지 증가하다 / 성장하다

The trade deficit grew from over $6 billion in 1989 to $125 billion in 2003.
1989년 60억 달러를 웃돌던 무역적자는 2003년 1,250억 달러로 불어났다.

"우리는 현재 육류 파동을 겪고 있으며 2050년께는 세계 인구가 60억에서 90억으로 증가할 것으로 추정됩니다. 그럼 육류 소비량도 크게 늘겠지요. 20년 전에는 평균이 20킬로그램이었다가 지금은 50킬로그램으로 늘었고, 앞으로 20년이 지나면 80킬로그램까지 증가할 것입니다. 추산대로라면 지구가 하나로는 모자랄 것입니다."

베껴쓰기

베껴쓰기

Van Huis is an enthusiast for eating insects but given his role as a consultant to the FAO, he can't be dismissed as a crank. "Most of the world already eats insects," he points out. "It is only in the western world that we don't. Psychologically we have a problem with it. I don't know why, as we eat shrimps, which are very comparable."

an enthusiast for ~의 광팬 / crank 괴짜 / point out 지적하다
psychologically 심리적으로

Useful Expressions

given ~을 감안해볼 때

Given the strength of our competitors, that's going to be difficult to achieve.
경쟁사들의 역량을 감안해볼 때 그건 달성하기가 어려울 것이다.

be dismissed as ~라고 일축하다

The election was dismissed as illegitimate by the opposition.
야당은 선거를 위법이라고 일축했다.

point out ~을 지적하다

It is embarrassing to have a client point out our mistake.
고객에게 실수를 지적당하는 것은 곤혹스러운 일이다.

반 휘스 교수는 곤충을 먹어야 한다고 열렬히 주장한다. 그러나 FAO의 컨설턴트라는 직분을 감안한다면 그를 '괴짜(crank)'라고 치부할 수만은 없을 것이다. "세인은 대부분 곤충을 먹습니다. 서방세계만 그러지 않을 뿐입니다. 물론 꺼림칙하다고들 생각하겠지만, 아주 비슷한 새우는 먹으면서 곤충은 혐오스러워한다니 도무지 이해할 수가 없습니다."라고 그는 지적했다.

베껴쓰기

외워쓰기

"우리는 현재 육류 파동을 겪고 있으며 2050년께는 세계 인구가 60억에서 90억으로 증가할 것으로 추정됩니다. 그럼 육류 소비량도 크게 늘겠지요. 20년 전에는 평균이 20킬로그램이었다가 지금은 50킬로그램으로 늘었고, 앞으로 20년이 지나면 80킬로그램까지 증가할 것입니다. 추산대로라면 지구가 하나로는 모자랄 것입니다."

반 휘스 교수는 곤충을 먹어야 한다고 열렬히 주장한다. 그러나 FAO의 컨설턴트라는 직분을 감안한다면 그를 '괴짜(crank)'라고 치부할 수만은 없을 것이다. "세인은 대부분 곤충을 먹습니다. 서방세계만 그러지 않을 뿐입니다. 물론 꺼림칙하다고들 생각하겠지만, 아주 비슷한 새우는 먹으면서 곤충은 혐오스러워한다니 도무지 이해할 수가 없습니다."라고 그는 지적했다.

Writer's Profile

데미안 캐링턴 Damian Carrington

지구과학 박사. BBC 뉴스 온라인 과학부 기자 생활을 했으며 최근 『가디언The Guargian』이 운영하는 환경 웹사이트의 편집장으로 발탁되었다. 일찍이 파이낸셜 타임스를 비롯하여 뉴 사이언티스트the New Scientist 웹사이트의 편집인으로 활약해왔으며, 영국 편집인 학회에서 주관하는 올해의 온라인 편집인 상을 수상한 바 있다.

chapter

5

전치사 이해하기

05장 전치사 이해하기

전치사란 '명사 앞에 붙는다'는 말이다. 따라서 그 뒤에는 반드시 명사가 붙어야 한다. 전치사는 종류와 의미가 다양하므로 앞서 권한 참고서를 정독하기 바란다. 지면상 전치사를 일일이 다룰 수는 없으니 헷갈리는 전치사의 차이를 비교해가며 영작 실력을 '업그레이드upgrade'해보자.

in time *vs* on time

Will you be home **in time for dinner**? (=soon enough for dinner)

저녁 먹게 일찍 들어오렴.

The 11:45 train left **on time**. (=it left at 11:45)

11:45분 열차가 정시에 떠났다.

in time은 무언가를 '좀더 일찍' 한다는 뜻이며 on time은 '바로 그 시각'을 일컫는다.

for *vs* during

I've lived in this house **for six years**.

이 집에서 6년째 살고 있다.

We watched television **for two hours** last night.

어젯밤 텔레비전을 두 시간 봤다.

It rained **during three days** without stopping. (×)

I fell asleep **during the movie**.

영화를 보다가 잠들었다.

We met a lot of interesting people **during our vacation**.

휴가를 보내면서 재미있는 사람을 많이 만났다.

for는 대개 **숫자**가 동반될 때, during은 기간을 나타낼 때 쓰는 전치사이다.

by *vs* until

We'd better hurry. We have to be home **by 5 o'clock**.

서둘러야겠어. 5시까지는 집에 들어가야 하니까.

I'll have finished my work **by 11 o'clock**.

11시까지는 끝낼 거야.

Sue will be away **until Monday**.

수는 월요일까지 해외출장 갈 거야.

I'll be working **until 11 o'clock**.

11시까지 근무야.

우리말로 옮기면 둘 다 '~까지'가 되어 차이를 구별하기가 쉽지 않을 것이나 예문을 유심히 관찰하면 뉘앙스가 확연히 다르다는 것을 알 수 있다. 첫 번째 문장에서 화자는 5시까지 집에 들어가야 한다고 말한다. 이때 by를 쓴 이유는 5시 전에 들어가도 문제될 것이 없기 때문인데, 즉, by**는 그 시간을 넘지만 않으면 문제 삼을 일이 없을 때 쓴다**. 반면, until은 **그 시간을 다 채운다**는 뉘앙스로, 만일 수(sue)가 해외출장을 월요일까지 채우지 않고 일요일날 귀국하지는 못한다는 말이 된다. 이와 마찬가지로 11시까지 근무인 사람이 10시에 퇴근하면 안 되는 것과 같은 이치다.

in front(back) of /in the front(back) of

The car is **in front of** the truck. (트럭 앞)
The truck is **in back of** the car. (승용차 뒤)

The woman is **in the front of** the car. (승용차 앞좌석)
The man is **in the back of** the car. (승용차 뒷좌석)

in the corner / at(on) the corner

The television is **in the corner of the room**. (안쪽 귀퉁이)
텔레비전은 방 안쪽 귀퉁이에 있다.

There is a telephone booth **at(on) the corner of** the street. (길모퉁이)
공중전화는 길모퉁이에 있다.

by + 교통/결제수단

"How did you go to Paris?" "**by plane.**" (by + 교통수단)
"파리는 어떻게 갔습니까?" "비행기로요."

Did you come here **by car or on foot**? (차량은 by고 두 발로 가면 on)
여기에 승용차로 오셨습니까? 걸어오셨습니까?

Did you **pay by check or in cash**?
수표로 결제하시겠습니까? 현금으로 하시겠습니까? (수표는 by, 현금은 in, 전치사에 유의할 것)

[보충수업]

관사

학부 시절 어법을 가르친 로버트 교수는 정관사를 "Mr. T"라고 불렀다. 돌이켜보면, 꽤나 까다로운 녀석이라는 뉘앙스가 밴 표현인 것 같다.

영어의 완성도를 높이려면 관사를 정복해야 하는데, 물론 쉽지는 않겠지만 감각을 익힌다면 90퍼센트 이상은 관사를 처리할 수 있을 것이다.

A

1. 하나 — Rome was not built in a day. (하루)
2. per(~당) — The sports car has maximum speed of 275km an hour. (시간당)
3. 어떤(a certain) — A Mr. Smith called us the other day. (스미스라는 어떤 분이)
4. 종족대표 — A tiger is a very fierce animal. (호랑이 전체)

명사 앞에 붙는 정관사(무관사 포함)의 쓰임새는 비교적 구체적으로 짚어보자.

"Mr. T"

A. 이 세상에 한 개 존재할 때 / 최상급 앞에서도 쓴다.

What is **the longest** river in the world?
Paris is **the capital** of France.

The sun is a star.
The hotel we stayed at was a very nice hotel.
(우리가 묵었던 호텔 = 꾸며주면 "the")

B. 별 이유 없이 그냥 "the"와 같이 쓴다.

[the sky / the sea / the ocean / the ground / the country / the environment the same]

There are millions of stars in **space**. (우주)
I tried to park my car, but **the space** was too small.
("space"가 공간일 때는 "the"를 쓴다)

C. 아침 / 점심 / 저녁 식사는 무관사! (breakfast / lunch / dinner)

We had **lunch** at a very nice restaurant.

예외 We had a very nice lunch. (꾸며주는 말이 있으면 "a")

D. 몇 호실 (Room 126) / 10번문 (Gate 10) 등은 무관사

Do you have these shoes **in size 11**?

기타 page 29 / Section A / Gate 10 / Room 125 / question 10 / Flight 123 (123호비행기)

E. 차이 구분하기!!

1. the movies / the theater (영화 보러 가다/연극 보러 가다)

   I often **go to the movies**, but I haven't been to **the theater** for ages.

2. the radio / television

   I often listen to **the radio**. (라디오 방송)
   We watched the news **on television**. (텔레비전 방송 = 무관사)

   There isn't **a theater** in this town. (극장 건물)
   I'm going to buy **a new radio** / **television**(= television set)
   (라디오/텔레비전 본체)

F. school / church / jail / prison

위의 장소의 목적에 맞을 때는 무관사, 다른 볼일이 있어서 갈 때는 정관사(the)를 쓴다.

Ken's brother is **in prison(jail)** for robbery.
Ken went to **the prison(jail)** to visit his brother.
I usually **go to school** every weekend.
She **goes to the school** to meet a teacher.

G. the giraffe / a giraffe *VS* the bicycle / a bicycle **비교**

Can you play **the guitar**?
The piano is my favorite intrument.
I'd like to have **a guitar**.
We saw **a giraffe** at the zoo.

H. the + **형용사** = **복수명사**

the young = young people 젊은이들
the rich = rich people 부자들
the elderly = elderly people 노인들
the unemployed = unemployed people 실직자들
the disabled = disabled people 장애자들

I. 관사 안 쓰는 예

1. bed / work / home (= 무관사)

It's time to **go to bed** now.

2. go to sea / be at sea = 항해하다 (무관사!)

Keith is a sailor. He spends most of his life at sea.
I'd like to live **near the sea**. (바다)
It can be dangerous to swim **in the sea**. (바다)

J. 관사 *VS* 무관사

1. 복수가 대상 전체를 가리킬 때 (무관사)

doctors(의사) / teachers(교사) dogs(개) stamps(우표 전체)

2. 단수가 대상 전체를 가리킬 때 (무관사)

crime / life / food / football / skiing / running / history / physics / English

3. (대부분의) most는 무관사

Most people like George.

K. Mr. T

1. 특정한 것을 콕 찝어서 표현할 때 the를 붙인다.

Children learn a lot from playing.
We took **the children** to the zoo.

2. 한정된 명사 (꾸밈을/수식을 받은 명사)는 the를 붙인다.

I like the people I work with.
I like working with people.

Do you like strong black coffee?
Did you like **the coffee** we had after dinner last night?

L. the+국적(형용사)

1. The French are famous for their food. (= the people of France)
= 프랑스 국민들은 음식으로 유명하다.

the Dutch 네덜란드 국민 / the English 잉글랜드 인
the Spanish 스페인 국민 / the Irish 아일랜드 인
the British 영국 국민

**the French / the English → a Frenchman / an Englishman

2. ~ese로 끝나면 the~/ a~ 로 할 수 있다.

the Chinese → a Chinese
The Japanese → a Japanese
The Sudanese → a Sudanese
The Vietnamese → a Vietnamese

M. 나라 앞에 붙는 the

1. 원칙적으로는 국가 앞에 the를 붙이지 않는다!

2. 그러나 Republic, Kingdom, States 가 들어가면 앞에 the를 붙인다.
→ 주로 공식명칭에 붙는다.

the Czech Republic 체코 공화국
the United States (of America) 미합중국
the United Kingdom (the UK) 영국

3. 산(mountain), 호수 (Lake)는 안붙인다.

MountEverest Lake Superior Lake Titicaca

4. 대양(Ocean), 바다 (Sea), 강(River), 운하(Canal)의 이름은 the를 붙인다.
theNile/theRedSea/ the Suez Canal / the Amazon River, etc.

베껴쓰기

New Life, New Duties

Brian Molitor

After months of waiting, your daughter finally arrives. The ride home from the hospital is a mixture of joy and anxiety. You watch the traffic lights a little more carefully today. Precious cargo on board. Soon, you pull into your driveway and gingerly carry your new addition into the house. Exhausted, mother and daughter join together as the baby drinks life-giving milk. You stand by, watching in amazement. Tired. Awestruck. Happy.

precious 귀중한 / cargo 화물 / on board 탑승한 / gingerly 조심스런
exhausted 지친 / in amazement 놀라워하며 / awestruck 경이로운

Useful Expressions

in amazement 놀라서

When she heard that, she opened her eyes wide in amazement.
그 말을 듣자 그녀는 놀라서 눈이 둥그레졌다

새 생명, 새 의무

브라이언 몰리터

수개월의 기다림 끝에 드디어 딸이 탄생했다. 병원에서 아기를 데려오는 길에 기쁨과 걱정이 교차할 것이다. 오늘은 신호등도 좀더 뚫어지게 쳐다본다. 귀한 '무언가'를 태웠기 때문이다. 이윽고 주차장에 들어선 당신. 새 식구를 조심스레 집안에 들여놓는다. 수유중인 엄마나, 아이도 많이 지친 모습이다. 당신은 아직도 놀라운 듯 곁에 서서 바라만 보고 있다. 피곤하고 두렵기도 하지만 행복하다.

베껴쓰기

베껴쓰기

Slowly you begin to realize that from this day forward, life will never be the same. You struggle to believe that in a flash this tiny, helpless bundle will speak her first words and take her first, uncertain steps. This eye-opening blast leads you to realize that all too soon her once unsteady feet will carry her out of your world and into her destiny.

from this day forward 이 날 이후부터 / struggle to ~하느라 안간힘을 쓰다
in a flash 순식간에 / blast 돌풍

Useful Expressions

(원인) **lead you to** (결과) 당신은 ~하게 된다

What led you to make that decision?
왜 그런 결정을 내린 거니?

그날 이후 당신은 인생의 변화를 서서히 실감하게 된다. 작디작고 몸도 가눌 줄 모르는 어린 것이 눈 깜짝할 사이에 말문이 트이고 걸음마를 배운다는 것을 믿으려고 애를 쓴다. 이처럼 눈이 휘둥그레질만한 사건은 딸아이의 서툰 발걸음이 언젠가는 당신의 세상을 떠나 자신의 운명을 스스로 개척하리라는 것을 깨닫게 해줄 것이다.

베껴쓰기

외워쓰기

새 생명, 새 의무

브라이언 몰리터

수개월의 기다림 끝에 드디어 딸이 탄생했다. 병원에서 아기를 데려오는 길에 기쁨과 걱정이 교차할 것이다. 오늘은 신호등도 좀더 뚫어지게 쳐다본다. 귀한 '무언가'를 태웠기 때문이다. 이윽고 주차장에 들어선 당신, 새 식구를 조심스레 집안에 들여놓는다. 수유중인 엄마나, 아이도 많이 지친 모습이다. 당신은 아직도 놀라운 듯 곁에 서서 바라만 보고 있다. 피곤하고 두렵기도 하지만 행복하다.

그날 이후 당신은 인생의 변화를 서서히 실감하게 된다. 작디작고 몸도 가눌 줄 모르는 어린 것이 눈 깜짝할 사이에 말문이 트이고 걸음마를 배운다는 것을 믿으려고 애를 쓴다. 이처럼 눈이 휘둥그레질만한 사건은 딸아이의 서툰 발걸음이 언젠가는 당신의 세상을 떠나 자신의 운명을 스스로 개척하리라는 것을 깨닫게 해줄 것이다.

chapter

6

영어는 명사와 형용사를 좋아한다?

06장 영어는 명사와 형용사를 좋아한다?

명사를 쓰면 품격이 달라진다

품격이 달라진다는 말은 글이 멋있다기보다는 영어답게 보인다는 뜻으로 이해해야 한다. 영어에서는 으레 형용사와 명사를 즐겨 쓰기 때문이다. 우리말은 부사가 비교적 자주 등장하는 데다, 영어처럼 명사를 주어로 쓰는 일이 거의 없으니 한국어식 사고에 젖어있는 우리가 이를 적용하기에는 그리 쉽지가 않을 것이다. 명사와 형용사를 어떻게 쓰는지 면밀히 관찰해보자. 여기서 동작이 불가능한 명사를 주어로 쓰는 구문을 "물주구문"이라고 한다.

명사 편애증

Rain prevented the family picnic. (미국인에게 익숙한 표현)
→ We couldn't have the family picnic due to rain. (한국인에게 익숙한 표현)

비가 와서 가족 나들이가 어려워졌다.

Only a 10-minute walk around your office building can burn approximately 75 to 100 calories.
→ If you walk around your office building only for 10 minutes, it can burn approximately 75 to 100 calories.

사무실 빌딩 주변을 10분만 걸어도 약 75~100칼로리가 소모될 수 있다.

What brings you to such a humble place?
→ Why do you come to such a humble place?

왜 이 누추한 곳까지 행차하셨는가?

형용사 편애증

Slow tears rose to her eyes. (미국인에게 익숙한 표현)
→ Tears slowly rose to her eyes. (한국인에게 익숙한 표현)
눈물이 천천히 눈에 올라왔다.

He doesn't speak **fluent** English.
→ He doesn't speak English fluently.
그는 영어를 그리 유창하게 구사하진 않는다.

Tom was a **casual** visitor to the museum while in college.
→ Tom casually visited the museum while in college.
톰은 대학시절 어쩌다 한번 박물관을 찾았다.

베껴쓰기

You retire to the sanctuary of your favorite chair. Your imagination now moves quickly through the endless possibilities for your new daughter's life. What lies ahead for her? Fame? Fortune? Marriage? Heartache? How about grandchildren? Will she be ready?

retire to+N ~에 가다 / bundle 보따리 / unsteady 불안정한

Useful Expressions

lie ahead 앞에 놓여있다

The dangers of backsliding are real and enormous challenges lie ahead.
퇴보의 위험성은 실존하며 엄청난 난관이 우릴 기다리고 있다.

애지중지하던 의자라는 성소에 가서, 갓 태어난 딸아이의 무한한 가능성을 속히 그려본다. '장차 어떤 일이 펼쳐질까?' '명성? 재산? 결혼? 번민? 자녀는? 아이는 각오가 되어 있을까?'

베껴쓰기

베껴쓰기

Next come some other questions. Tougher ones. The ones that are all about you. As her father, what role am I supposed to play in her development? Does it really matter what I say and do? Am I ready? Your weary mind calls a halt to the endless stream of questions. You head off to bed, hoping that the answers will be there when you wake up. Mercifully, your eyes close and you drift off to sleep.

play a role in 역할을 하다 / development 발달 / matter 중요하다 / weary 지친
call to a halt 중단하다 / mercifully 다행히 / drift off to sleep 스르륵 잠에 빠진다

Useful Expressions

call a halt to+N 중단하다

We must call a halt to this childish behavior.
이런 유치한 행동은 그만해야 된다.

의문은 여기서 멈추지 않는다. 난이도가 좀더 높은 것은 당신을 두고 고민해야할 그런 문제들이다. '아버지가 된 내가 딸아이를 키우는 데 감당해야 할 역할은 무엇일까? 내 말과 행동에 아이가 정말 달라질까? 나는 아버지가 될 준비가 됐는가?' 머리가 지치자 꼬리에 꼬리를 무는 물음도 멈춘다. 침대에 몸을 눕히며 잠이 깨면 명쾌한 답이 떠오르기를 바란다. 다행히 눈이 감기고 스르륵 잠에 빠진다.

베껴쓰기

외워쓰기

애지중지하던 의자라는 성소에 가서, 갓 태어난 딸아이의 무한한 가능성을 속히 그려본다. '장차 어떤 일이 펼쳐질까?' '명성? 재산? 결혼? 번민? 자녀는? 아이는 각오가 되어 있을까?'

의문은 여기서 멈추지 않는다. 난이도가 좀더 높은 것은 당신을 두고 고민해야할 그런 문제들이다. '아버지가 된 내가 딸아이를 키우는 데 감당해야 할 역할은 무엇일까? 내 말과 행동에 아이가 정말 달라질까? 나는 아버지가 될 준비가 됐는가?' 머리가 지치자 꼬리에 꼬리를 무는 물음도 멈춘다. 침대에 몸을 눕히며 잠이 깨면 명쾌한 답이 떠오르기를 바란다. 다행히 눈이 감기고 스르륵 잠에 빠진다.

Writer's Profile

브라이언 몰리터Brian Molitor

자녀를 바르게 지도하고 축복하는 비결을 전수하는 글로벌 말라기 재단 the Malachi Global Foundation의 이사장이자 네 자녀(크리스토퍼, 스티븐, 제니퍼, 다니엘)를 둔 23년차 부부다. 브라이언의 첫 책 『아빠의 사랑이 아들의 미래를 결정한다Boy's Passage—Man's Journey』를 통해 전 세계에 재단과 저자의 이름을 널리 알리게 되었다.

chapter

7

같은 말, 다른 표현

07장 같은 말, 다른 표현

우리말도 그렇지만, 영어도 같은 말을 되풀이하지 않는다. 식상하니 그렇다. 하다못해 미국 대통령을 지칭할 때도 표현이 각각 다르다.

the President of the United States …	미합중국 대통령
Barack Obama …	버락 오바마
the American President …	미 대통령
the husband of Ms. Michelle Obama …	미셸 오바마의 남편
the commander-in-chief at the White House …	백악관의 사령관
He …	그 남자

우리말로 옮길 때는 대명사를 제외한 명사는 모두 '오바마 대통령'이나 '미 대통령' 등으로 통일해야 한다. 동일 인물이라는 점을 밝히지 않으면 가독성이 떨어질 뿐 아니라, (설마 그럴 사람은 없겠지만) 각각 다른 사람이라는 오해를 불러일으킬 소지가 있기 때문이다. 대명사를 쓰는 까닭 역시 같은 어구를 줄이려는 노력으로 볼 수 있다.

동의어를 몇 가지만 활용해도 글의 품격이 달라질 테니 평소에 동의어 학습도 병행하기 바란다. 그럼 글에서는 이를 어떻게 응용할 수 있는지 살펴보자.

But unless you make greener choices, many of these items **will still be in landfills when your child celebrates his or her 90th birthday**. Avoid disposable plastic, polystyrene, and non-recycled paper products altogether; they're **not biodegradable**.

그러나 환경에 유익한 결단을 내리지 않는다면 이들 상당수는 여러분의 자녀가 90세 생일파티를 열 때까지도 쓰레기 매립장에서 뒹굴고 있을 것이다. 1회용 플라스틱과 폴리스티렌, 재활용이 불가능한 종이 사용을 삼가라. 미생물이 분해할 수 없으니까.

→ **미생물이 분해하지 않는다**(not biodegradable)을 앞 문장에서 **자녀가 90세 생일파티를 열 때도 쓰레기 매립장에 있을 것**(will still be in landfills when your child celebrates his or her 90th birthday)이라고 멋지게 풀어썼다.

Numerous humanitarian campaigns to end world **hunger** have increased in the last 50 years. **A number of serious famines** have been controlled by **these efforts**.

세계적인 **기아사태**를 중단하려는, **수많은 인도주의 운동**이 지난 50년간 증가해왔다. 심각한 **기아사태** 중 **상당수**가 **이 같은 노력**으로 누그러졌다.

→ **수가 많다**는 표현을 "numerous"에서 "a number of"로 살짝 바꿨고, **굶주림**을 뜻하는 "hunger"를 심각한 **기아사태**serious famines로, **인도주의 운동**humanitarian campaigns을 **이 같은 노력**these efforts으로 '둔갑'시켰다.

베껴쓰기

I Want to Be in That Number

Arthur Paul Boers

No Place I Would Rather Be?

"What have I done?" I asked myself in despair. It was the lowest point of my pilgrimage so far and the day was soon going to get worse yet. It had taken all my wherewithal to trudge a quarter mile from the hospital emergency room to this park bench, and I did not know how I could go any farther. My left foot throbbed painfully from the bagel-sized blood blister that the ER nurse had just drained and tended.

in despair 실의에 빠진 / pilgrimage 순례 / so far 지금까지 / wherewithal 수단
trudge 터벅터벅 걷다 / blood blister 핏물집 / throb 욱신거리다
ER(the Emergency Room) 응급실 / drain 물을 빼내다 / tend 치료하다

Useful Expressions

would rather ~하는 편이 낫다

I would rather tell the truth.
사실을 털어놓는 편이 낫겠다.

나도 그 숫자에 끼고 싶다

아더 폴 보어스

있을 만한 곳이 없다?

'지금까지 뭘 했나?'실의에 빠진 채 자문해보았다. 지금까지의 순례여정 중 그렇게 낙담했던 적이 없었는데 그날은 더욱 심각해질 지경이었다. 온갖 수단을 동원하여 병원 응급실에서 400미터를 걸어 이곳 파크 벤치까지 왔다. 하지만and 앞으로 얼마나 더 갈 수 있을지는 알 수 없었다. 응급실 간호사가 물기를 뽑고 치료해준, 베이글bagel 크기의 핏물집 탓에 왼쪽 발이 욱신거렸다.

베껴쓰기

베껴쓰기

Every step ached, even though both my feet were elaborately swathed in white bandages. Having arrived in the city of Burgos, I had been underway for two weeks and walked about 180 miles of my pilgrimage so far. I was in a particularly pretty part of town, near a cosmopolitan university.

ache 아프다 / even though ~에도/~일지라도 / swathe in ~로 감싸다
elaborately 정성스레 / cosmopolitan 국제적인

Useful Expressions

even though ~에도/~일지라도

His children lean on him, even though they are adults.
그의 자녀는 그를 의지한다. 다 컸는데도 말이다.

발을 내디딜 때마다 통증이 왔다. 공들여 흰 거즈를 여기저기 붙여놨는데도 말이다. 부르고스(Burgos)에 도착하기까지 2주가 흘러 지금껏 180마일의 순례길을 걸어왔다. 나는, 근방에 세계 유수의 대학이 있는 아주 멋진 도시에 있었다.

베껴쓰기

외워쓰기

나도 그 숫자에 끼고 싶다

아더 폴 보어스

있을 만한 곳이 없다?

'지금까지 뭘 했나?'실의에 빠진 채 자문해보았다. 지금까지의 순례여정 중 그렇게 낙담했던 적이 없었는데 그날은 더욱 심각해질 지경이었다. 온갖 수단을 동원하여 병원 응급실에서 400미터를 걸어 이곳 파크 벤치까지 왔다. 하지만 앞으로 얼마나 더 갈 수 있을지는 알 수 없었다. 응급실 간호사가 물기를 뽑고 치료해준, 베이글 크기의 핏물집 탓에 왼쪽 발이 욱신거렸다.

발을 내디딜 때마다 통증이 왔다. 공들여 흰 거즈를 여기저기 붙여놨는데도 말이다. 부르고스에 도착하기까지 2주가 흘러 지금껏 180마일의 순례길을 걸어왔다. 나는, 근방에 세계 유수의 대학이 있는 아주 멋진 도시에 있었다.

chapter

8

인과관계를 암시하는 단서

08장 인과관계를 암시하는 단서

"아니 땐 굴뚝에 연기 나랴?"

불을 때지 않은 굴뚝에는 연기가 나지 않는다. 이를 바꾸면 불을 때야 굴뚝에 연기가 난다는 이야기다. 위 속담은 인과관계를 지적할 때 흔히 쓰는 옛말인데, 글이든 말이든 영어에서도 이를 암시하는 어구가 심심치 않게 등장한다.

불을 땐다(원인) → 연기가 난다(결과)

어떤 말은 흔히 보던 것인데도 '어? 이게 원인 · 결과를 나타낸다고?'라며 의아해 하는 사람이 적지 않다. 예컨대, 'so+**형/부** that **주어+동사**'는 독해지문에 자주 보이지만 그 역시 인과관계라는 사실을 두고는 그냥 지나치는 사람이 많을 듯싶다.

so+형/부(원인) → that 주어+동사(결과)
너무 형/부하니 (그 결과) 주어+동사하다

The barn smelled **so** bad **that** she held her nose.
헛간 냄새가 아주 고약해서(원인) 그녀는 코를 막았다(결과).

이 밖에도 훤히 드러나진 않지만 인과관계로 묶어서 말이나 글에 써먹으면 좋은 표현을 몇 가지 소개하겠다. 수동적으로 사전식 해석에 연연하거나 이를 암기하는 데 그치지 말고 패턴에 담긴 의미를 학습하는 것이 몇 배 더 남는 장사다.

주어+contribute to+명사

'아하, 이것쯤이야 누워서 떡 먹기지. 주어가 ~하는 데 기여한다는 얘기잖아'라며 단정하지 말고 '주어가 명사라는 결과를 낳았다'고 이해하기 바란다.

The stress of losing his job **contributed to** his death.
'음, 실직 스트레스 결과 그가 죽었군.'

그럼 인과관계의 냄새가 나는 표현을 몇 가지 정리해보자. 단, 전치사는 형용사나 동사에 따라 달라질 수 있으니 각 쓰임새를 잘 확인해야 한다.

- **원인** be conducive to + **결과**(명사) (결과에 도움이 된다는 뉘앙스)

Sometimes the home environment just **isn't conducive to** reading.
가정환경(원인)이 독서(결과)로 이어지지 않을 때도 가끔은 있다.

- **원인** cause **결과** (이를 뒤집으면 수동태가 된다 = **결과** be caused by **원인**)

Hunger and disease **cause** great suffering in the world.
기아와 질병(원인)이 세계에 커다란 고통(결과)을 안겨준다.

- **원인** bring about **결과**

The country's rapid development **brought about** the air pollution.
국가의 급속한 개발(원인)이 대기오염(결과)을 낳았다.

- **원인** lead to **결과**(명사)

His poor decision **led to** the company's bankruptcy.
그의 어설픈 판단력(원인) 탓에 회사가 파산했다(결과).

• **원인** be responsible for **결과**(명사) (바람직하지 않은 사건이라는 뉘앙스)

Asbestos alone **is responsible for** an estimated 100,000 deaths.
석면(원인)으로만 약 10만 명이 사망했다(결과).

• **결과** be a product of **원인**(명사)

Air pollution **is a product of** industrialization.
공해(결과)는 산업화(원인)가 일으킨 것이다.

[보충수업]

전치사

전치사는 앞선 책에서 말했듯이 명사 앞에 자리 잡은 말을 일컫는다. 그래서 전치사 뒤에 쓰는 동사는 다 동명사로 바꾸어주어야 한다고 이미 알고 있을 것이다.

필자는 전치사를 크게 둘로 구분한다.

* 독립형 전치사
* 종속형 전치사

1. 독립형 전치사

독립형 전치사는 말 그대로 앞에 나오는 어구에 관계없이 의미를 유추하여 활용할 수 있는 것을 가리킨다. 이를테면, "고양이가 박스에 있다There is a cat in the box."라고 했을 때 전치사 in은 박스 '안에' 있다는 뜻으로 미루어 이를 얼마든지 직관적으로 쓸 수 있다는 것이다. 즉, 의미를 유추할 수 있는 전치사를 가리켜 독립형 전치사라 한다.

They were led **into** his presence.
그들은 안내를 받아 왕이 있는 곳 **안으로** 들어갔다.

Whoever heard of hares **in** the river and fish in the trees!
강**에** 있는 토끼와 나무에 달린 생선을 들어본 사람이 있을까!

The crowd is talking **about** the royal family.
군중은 왕가**에 대해** 이야기하고 있었다.

2. 종속형 전치사

종속형 전치사는 스스로 활용되지 않고 앞선 어구의 영향을 받으며 제1외국어로 학습하는 사람이 뜻을 유추하여 사용할 수 없는 전치사를 일컫는다. 예컨대, "그는 아내의 건강을 걱정한다He is concerned about his wife's health."라고 할 때 about은 concerned와 결합하면 '우려한다'나 '걱정한다'의 뜻이 되고, concerned가 with와 만나면 '관계가 있다'는 뜻으로 달라지므로 이를 암기하지 않고는 직관적으로 알 수가 없다.

That was the largest **increase in** fifteen years.
15년 만에 최대 증가율을 기록했다.

He **trusted in** his daughter's wisdom.
그는 딸의 지혜를 믿었다.

I want us to **live up to** her expectations.
저는 우리가 그녀의 기대에 부응하며 살기를 바랍니다.

increase나 decrease 등 증감을 나타내는 동사나 명사 뒤에는 전치사 in을 써야 어울린다. 직관적으로 in을 유추해내기란 거의 불가능하다. trust in(~을 믿다)이나 live up to(~의 기대에 부응하며 살다) 또한 그렇다.

베껴쓰기

A shallow river glided slowly under arched stone bridges. Mature, fully leaved trees on a wide boulevard leaned over the riverbanks, reflecting the vibrancy of summer. But I was hurting too much to savor scenery and I was fretting about whether I would have to cut my trip short. People of all ages strolled by, looking a lot healthier and happier than I. I watched them and longed for company, but they ignored me.

glided 미끄러지다 / fully leaved 잎이 무성한 / vibrancy 생동감 / savor 만끽하다
fret about ~을 두고 초조해하다 / cut ~ short 무엇을 단축하다 / stroll by 주변을 돌아다니다
long for 몹시 바라다 / ignore 무시하다

Useful Expressions

too ~ to ... 너무 ~해서 …할 수 없다

Those numbers are too inexact to base decisions on.
그 수치는 정확하지 않으므로 이를 결정의 근거로 삼을 수는 없다.

아치형의 돌다리 밑에 얕은 강이 호젓하게 흘렀다. 넓은 대로에는 다 자라 잎이 무성한 나무들이 강둑 위로 기울어져 여름철의 생동감을 잘 드러내고 있었다. 하지만 통증이 너무 심해 경치를 제대로 감상할 수 없었을 뿐 아니라, 여정을 단축해야할 것 같아 속이 탔다. 나이를 불문하고, 순례길에 오른 사람들은 나보다 훨씬 건강하고 기분도 좋아보였다. 그들을 물끄러미 바라보며 일행이 되기를 간절히 바랐으나, 그들은 나를 외면해버렸다.

베껴쓰기

베껴쓰기

I had just phoned home to my wife, Lorna, in the United States a few minutes before, and she had given me good words of consolation and encouragement, but now I was by myself again. On the sidewalk I had tried hailing taxis — by calling, gesturing and whistling — but each one whizzed by.

consolation 위로 / encouragement 격려 / sidewalk 보도
hail taxi 손을 흔들어 택시를 잡다 / whiz by 휑하고 지나가다

Useful Expressions

by doing ~함으로써

Doctors are already assisting suicide by withholding life sustaining treatments.
의료진은 이미 생명유지치료를 중단함으로써 안락사를 방조하고 있다.

몇 분전 미국에 있는 아내 로나Lorna에게 전화를 걸었다. 아내는 위로와 격려를 아끼지 않았으나 지금은 나 혼자였다. 보도에서 택시를 잡아타려고 손을 흔들었으나(큰소리로 불러대고 손짓, 발짓하며 휘파람까지 불어댔는데도) 매번 휑하니 지나가버렸다.

베껴쓰기

외워쓰기

아치형의 돌다리 밑에 얕은 강이 호젓하게 흘렀다. 넓은 대로에는 다 자라 잎이 무성한 나무들이 강둑 위로 기울어져 여름철의 생동감을 잘 드러내고 있었다. 하지만 통증이 너무 심해 경치를 제대로 감상할 수 없었을 뿐 아니라, 여정을 단축해야할 것 같아 속이 탔다. 나이를 불문하고, 순례길에 오른 사람들은 나보다 훨씬 건강하고 기분도 좋아보였다. 그들을 물끄러미 바라보며 일행이 되기를 간절히 바랐으나, 그들은 나를 외면해버렸다.

몇 분전 미국에 있는 아내 로나에게 전화를 걸었다. 아내는 위로와 격려를 아끼지 않았으나 지금은 나 혼자였다. 보도에서 택시를 잡아타려고 손을 흔들었으나(큰소리로 불러대고 손짓, 발짓하며 휘파람까지 불어댔는데도) 매번 휑하니 지나가버렸다.

Writer's Profile

아더 폴 보어스Arthur aul Boers

인디애나 주 엘카트에 위치한 메노파 비블리컬 신학교에서 부교수로 목회 신학을 가르치고 있다. 미국 메노파 목사이면서 세이트 그레고리 수도원에서 베네딕트회 평회원 자격을 획득해 청빈과 섬기는 삶을 실천하며 살고 있다. 저서로는 『하나님의 은혜의 리듬』 『우리의 나날과 순간을 바치라』 등이 있다.

chapter

9

덧붙이기

09장 덧붙이기

이제는 살을 거론할 차례다. 뼈가 되는 주어와 동사를 쓴 뒤 아이디어를 좀더 전개해 나가는 비결을 일러둘 요량으로 '덧붙이기'장을 마련했다. 가장 기본적인 원칙은 문장 하나에 동사는 하나만 써야 한다는 것이다. 동사를 또 쓰고 싶다면 분사로 잇든지, 접속사를 쓰고 동사를 덧붙여야 한다.

문장(마침표의 수)의 수 = 동사의 수

접속사의 수 = 동사 − 1

1. Griswold **traveled** around the world, **and reported** the conflicts between Christians and Muslims.

2. Griswold **traveled** around the world**, reporting** the conflicts between Christians and Muslims.

1에서 동사는 traveled와 reported이므로 접속사 and로 연결한 반면, 2에서는 접속사를 없애고 난 후 동사를 또 쓸 수가 없어 동사를 분사로 고쳤다. 이처럼 동사가 앞에 있으면 접속사가 없는 한 동사를 중복해서 써서는 안 된다. 즉, 아이디어를 접속사 없이 덧붙이고 싶다면 분사형을 쓰면 된다는 이야기다.

예컨대, '결과'를 덧붙이고 싶을 때 유용한 어구는 only to + **동사원형**, to no avail, **혹은** ending up + (~ing)이다. 셋 다 부정적인 뉘앙스가 강하므로 바람직하지 않은 내용이 이어진다.

He survived the crash / **only to die** in the desert.

그는 추락 사고를 당하고도 살았지만 끝내 사막에서 생을 마감했다.

The doctors tried everything to keep him alive but / **to no avail**.

전문의는 그를 살리려고 안간힘을 써봤지만 아무 소용이 없었다.

She fled with her children, / **ending up** in a friend's basement.

그녀는 아이들을 데리고 피신했으나 결국에는 친구의 지하실 신세를 져야 했다.

베껴쓰기

Why Foreign Aid?

Carol Lancaster

Aid is such a familiar and expected element in those relations today that it is often hard to recall just how truly new it is. At the end of the Second World War, foreign aid as we know it today did not exist. There had been a few temporary programs of humanitarian relief in the nineteenth and first half of the twentieth centuries.

recall 떠올리다 / temporary 임시의 / humanitarian relief 인도적 구호활동

Useful Expressions

such a +(A)+N that S+V 너무 ~해서(원인) 그 결과 S+V하다

There was such a crowd that we could hardly move.
사람이 너무 많아 운신조차 어려웠다.

왜 해외원조인가?

캐럴 랭커스터

대외원조는 오늘날 국가가 인연을 맺는 가운데 흔히 있는 데다 충분히 예상할 수 있는 것이니 얼마나 새로운 개념인지 떠올리기란 어려울 때가 종종 있다. 제2차 세계대전이 막을 내릴 때까지도 현재 우리가 알고 있는 대외원조는 존재하지 않았다. 사실 19세기부터 20세기 중반까지 임시 구호 프로그램이 몇 차례 가동되긴 했다.

베껴쓰기

베껴쓰기

But the gift of public resources from one government to another (or to an international organization or nongovernmental organization), sizable and sustained over time, an important purpose of which was to help improve the human condition in countries receiving the aid, was unheard of in policy circles or by the public.

public resources 공적재원 / nongovernmental 비정부의 / sizable 막대한
sustained 지속적인 / human condition 인간의 형편 / be unheard of 들어본 적이 없는

Useful Expressions

be unheard of ~ 무엇은 들어본 적이 없다

This would have been unheard of a few years ago.
이는 몇 년 전이었다면 듣도 보도 못한 일이었을 것이다.

그러나 한 국가가 지원을 받는 다른 국가(국제기구나 비정부 기구)의 형편을 개선시키는 데 조금이나마 보탬이 되기 위해 막대한 재원을 지속적으로 베푼다는 것은 정치계나 일반인 모두 듣도 보도 못한 일이었다.

베껴쓰기

외워쓰기

왜 해외원조인가?

캐럴 랭커스터

대외원조는 오늘날 국가가 인연을 맺는 가운데 흔히 있는 데다 충분히 예상할 수 있는 것이니 얼마나 새로운 개념인지 떠올리기란 어려울 때가 종종 있다. 제2차 세계대전이 막을 내릴 때까지도 현재 우리가 알고 있는 대외원조는 존재하지 않았다. 사실 19세기부터 20세기 중반까지 임시 구호 프로그램이 몇 차례 가동되긴 했다.

그러나 한 국가가 지원을 받는 다른 국가(국제기구나 비정부 기구)의 형편을 개선시키는 데 조금이나마 보탬이 되기 위해 막대한 재원을 지속적으로 베푼다는 것은 정치계나 일반인 모두 듣도 보도 못한 일이었다.

chapter

10

예컨대...

10장 예컨대 …

글을 쓰다보면 부연설명을 위해 예를 드는 경우가 허다하다. 학창시절에는 "for example"과 "for instance"가 전부인 양 배웠기에 예시를 두고는 시야가 매우 좁았지만 원서를 읽다보면 예를 소개한다는 신호signal가 의외로 많다는 것을 알 수 있다.

앞서 이야기했듯이, 비교적 짤막한 예시를 나타내는 부호로는 콜론(:)과 대시(—)가 있다. 그럼 연습 삼아 세 가지 부호를 직접 써보자. 골라 쓰는 재미가 쏠쏠할 것이다.

지방이 많은fatty 먹거리(버터와 베이컨 및 육류)는 줄여야cut back on 한다.

You have to cut back on fatty food: butter, bacon, and meat.
You have to cut back on fatty food — butter, bacon, and meat.

예를 들 때 널리 쓰이는 관용어로는 such as/like/including/include 등이 있는데, 위의 부호 자리에 그냥 '붙이기'만하면 되니 그리 어렵지는 않다. 단 include는 동사라는 점에 주의하자.

You have to cut back on fatty food **such** as butter, bacon and meat.

You have to cut back on fatty food **like** butter, bacon and meat.

You have to cut back on fatty food **including** butter, bacon and meat.

'include'를 쓴다면 문장에 수식하는 어구를 덧붙이면 된다.

You have to cut back on <u>fatty food</u> **include** butter, bacon and meat.

↓ (food가 3인칭 단수이므로)

You have to cut back on fatty food **<u>includes</u>** butter, bacon and meat.

↓ (have가 동사이므로 중복을 피해야 한다)

You have to cut back on fatty food <u>which includes</u> butter, bacon and meat.

"for example(instance)"는 논리를 뒷받침하는 근거로서 예를 들 때 쓰며 대개 쉼표를 붙인다. 얼핏 보면 독립적인 관용어구로 굳어진 것 같지만, 실은 take+명사구+for example을 줄인 말이다. 명사구를 예로 든다면 for example이 생략되기도 한다.

Take Jason (for example), he engaged in a series of murders without remorse.

제이슨을 예로 든다면, 그는 연쇄살인을 자행했음에도 뉘우치는 기색이 없었다.

For example(instance), Jason engaged in a series of murders without remorse.

예컨대, 제이슨은 연쇄살인을 자행했음에도 뉘우치는 기색이 없었다.

베껴쓰기

Today, in many of the world's poorer countries, activities funded with aid from foreign governments and international organizations are widespread and familiar. They include billion-dollar reconstruction projects in war-torn countries like Iraq and Afghanistan and micro-enterprise loans of $50 or less to impoverished women in Bangladesh and El Salvador.

war-torn 전쟁으로 폐허가 된 / micro-enterprise 극소기업 / loans 융자금
impoverished 피폐한

Useful Expressions

S + include ~ S는 ~을 포함한다

Natural sciences don't always include biology and botany.
자연과학에 생물학과 식물학이 꼭 포함되는 것은 아니다.

오늘날, 후진국에서는 해외 정부와 국제기구가 자금을 지원하는 구호 활동이 널리 확산되어 이젠 낯설지도 않다. 예컨대, 이라크와 아프가니스탄 등 전쟁으로 폐허가 된 나라에는 재건 프로젝트에 수십억 달러를 조달하고, 방글라데시와 엘살바도르의 피폐한 여성에게는 50달러 내의 극소기업micro-enterprise 융자금을 지급하고 있다.

베껴쓰기

베껴쓰기

They comprise international research to find more productive crops and less polluting energy sources, scholarships for PhD economists in world-class universities, and the expansion of education in rural Uganda. Aid supports girls' education in Peru, and it helps finance the budget of the Ministry of Education in Ghana. Children in Guatemala, Indonesia, and Ethiopia and in numerous other countries are inoculated with aid-funded vaccines.

comprise ~으로 구성되다 / world-class 세계 유수의 / expansion 확대 / finance 자금을 융통하다
numerous 수많은 / inoculate 예방접종하다 / the Ministry of Education 교육부

Useful Expressions

comprise ~로 구성되다
= be made up of
= be composed of
= consist of

It comprises 26 states and a federal district.
= It is made up of 26 states and a federal district.
= It is composed of 26 states and a federal district.
= It consists of 26 states and a federal district.
이는 26개의 주와 연방 자치구로 구성된다.

생산성이 더 뛰어난 작물과 저공해 에너지원을 찾아내기 위한 국제연구를 비롯하여, 세계 유수 대학의 경제학 박사 장학금과 우간다의 지방 교육 기관, 페루의 여아 교육비, 가나의 교육부 예산에도 구호 자금이 조달되고 있다. 아울러 과테말라와 인도네시아, 에티오피아 등 여러 국가의 아이들은 구호 자금 덕분에 백신을 접종할 수 있게 되었다.

베껴쓰기

외워쓰기

오늘날, 후진국에서는 해외 정부와 국제기구가 자금을 지원하는 구호 활동이 널리 확산되어 이젠 낯설지도 않다. 예컨대, 이라크와 아프가니스탄 등 전쟁으로 폐허가 된 나라에는 재건 프로젝트에 수십억 달러를 조달하고, 방글라데시와 엘살바도르의 피폐한 여성에게는 50달러 내의 극소기업micro-enterprise 융자금을 지급하고 있다.

생산성이 더 뛰어난 작물과 저공해 에너지원을 찾아내기 위한 국제연구를 비롯하여, 세계 유수 대학의 경제학 박사 장학금과 우간다의 지방 교육 기관, 페루의 여아 교육비, 가나의 교육부 예산에도 구호 자금이 조달되고 있다. 아울러 과테말라와 인도네시아, 에티오피아 등 여러 국가의 아이들은 구호 자금 덕분에 백신을 접종할 수 있게 되었다.

c h a p t e r

11

출처 밝히기

11장 출처 밝히기

연구소의 조사결과나 각종 자료를 인용하기에 앞서, "이런 자료를 언급하겠다"며 출처를 밝히는 표현을 알아보자. 알다시피 가장 흔한 어구로는 according to + **명사**가 있으며, 개인적인 견해를 밝힐 때는 in my opinion을 쓴다. according to가 아니라는 점에 주의하자.

According to the report, children under 5 won't tell a lie.

연구에 따르면, 5세 미만의 아동은 거짓말을 잘 하지 않는 것으로 나타났다.

In my opinion, children under 5 seem to tell a lie more than those over 5.

내 생각에는 5세 미만이 형이나 누나들보다 거짓말을 더 하는 것 같던데.

그런데 "report"는 파생어구가 비교적 다양하다. 표현을 달리하여 문장을 재구성하면 다음과 같다.

The report has it that children under 5 won't tell a lie.

Children under 5, **reportedly**, won't tell a lie.

It is reported that children under 5 won't tell a lie.

*according to + **명사**는 "**명사+**have it that"로 바꿀 수 있다.

Rumor has it that Peter felt in love with Dorothy.

소문을 듣자하니, 피터가 도로시를 좋아한다네.

Word has it that they aren't together anymore.

사람들 이야기를 들어보니, 걔들 절교했다는군.

Tradition has it that he is a hero.

전설에 의하면, 그가 영웅이란다.

Legend has it that the man who pulls out this sword becomes king.

전설에 따르면, 이 검을 뽑는 자가 왕이 된다.

History has it that the hats were first worn by British soldiers after the Battle of Waterloo in 1815.

역사적 사실에 따르면, 이 모자는 1815년 워털루 전쟁 이후 영국 군인들이 처음 썼단다.

베껴쓰기

Couples in Lain America, Asia, and Africa use family planning services subsidized with aid. Aid pays for HIV/AIDS research and prevention and is beginning to finance the distribution of life-saving antiretrovirals. It funds economic reforms in Malawi, debt relief in Mozambique, and enterprise development in Russia.

subsidized 보조금이 지급된 / prevention 예방 / antiretroviral 항레트로바이러스제
debt relief 부채감면

Useful Expressions

be beginning to+동사원형 ~하기 시작하다

Her popularity was beginning to wane.
그녀의 인기는 줄기 시작했다

남미와 아시아 아프리카에서는 부부들이, 해외원조로 실시되는 가족계획 서비스를 이용한다. 이밖에도 후천성면역결핍증HIV/AIDS 연구 및 예방과 항레트로바이러스제 배급뿐 아니라, 말라위의 경제개혁과 모잠비크의 부채감면, 러시아의 기업 개발에도 원조기금이 조달되고 있다.

베껴쓰기

베껴쓰기

Political party and media training, elections, judicial reform, and civil society development are supported in numerous countries in Africa, Asia, and Latin America with foreign aid, as is humanitarian relief for natural and man-made disasters throughout the world.

political party 정당 / judicial reform 사법개혁 / man-made disaster 인재
debt relief 부채감면

Useful Expressions

as be+S ~도 마찬가지로

As is often the case with children, Mark is also afraid of doctors.
아이들이 종종 그렇듯이 마크 역시 의사를 무서워한다.

아프리카와 아시아, 남미 등의 수많은 국가의 정당과 언론 교육, 선거, 사법개혁 및 문명사회 개발에도 인재나 천재지변이 발생했을 때 가동되는 구호활동처럼 지원되고 있다.

베껴쓰기

외워쓰기

남미와 아시아 아프리카에서는 부부들이, 해외원조로 실시되는 가족계획 서비스를 이용한다. 이밖에도 후천성면역결핍증HIV/AIDS 연구 및 예방과 항레트로바이러스제 배급뿐 아니라, 말라위의 경제개혁과 모잠비크의 부채감면, 러시아의 기업 개발에도 원조기금이 조달되고 있다.

아프리카와 아시아, 남미 등의 수많은 국가의 정당과 언론 교육, 선거, 사법개혁 및 문명사회 개발에도 인재나 천재지변이 발생했을 때 가동되는 구호활동처럼 지원되고 있다.

c h a p t e r

12

문장의 강약 살리기

12장 문장의 강약 살리기

우리말에서는 대개 부사어를 써서 어구를 강조하는 경우가 흔하다. 예컨대, '매우'나 '아주' 등을 붙이면 형용사나 부사의 어감이 한층 강화된다. 그런데 영어는 이처럼 뉘앙스를 달리하는 방법이 한글보다 더 많은 것 같다. 부사어 'very'나 'much' 등을 쓰기도 하지만 강조 패턴이나 조동사 혹은 위치를 바꾸어도 어구의 강약을 조절할 수 있기 때문이다. 경우의 수를 따지자면 크게 셋으로 분류할 수 있다.

1. 어구첨가

동사를 강조할 때 조동사 DO를 첨가한 뒤 동사원형을 쓴다.

I **do** feel sorry about you.
정말 유감이군.

2. 강조패턴

패턴 안에 강조하고픈 어구를 넣으면 된다. 'IT BE (강조) THAT' 구문이 널리 쓰이는데 강조하는 단어가 사람이면 THAT 대신 WHO를 써도 무방하다.

It was Sujin **that(who)** stole his money at the park.
공원에서 그의 돈을 훔친 사람은 '다름 아닌' 수진이다.

Who was it that told you like that?
'도대체 누가' 그딴 소릴 지껄인 거야?

What **on earth** do you have in mind?
꿍꿍이가 '대체 뭐야?'

It was not until he read her letter **that** he felt her true love.

그녀가 쓴 편지를 읽고 나서야 비로소 그는 진정한 사랑을 느꼈다.

I did**n't** mention it **at all**.

그건 절대 발설하지 않았어요.

3. 도치

형용사나 부정어를 앞에 내세워 주어와 동사의 위치를 바꾸면 강조하는 뉘앙스를 띠게 된다.

Not only did a new president emerge, but also a new comedian.

새 대통령뿐 아니라 새로운 개그맨도 떴다.

베껴쓰기

The number of organizations and countries involved in providing foreign aid is also large. Several dozen international organizations, like the World Bank, the Asian, African, and Inter-America Development Banks, and the United Nations Development Program(UNDP), plus approximately thirty governments have significant programs of foreign aid, including all the rich countries of North America, Western Europe, and Japan as well as oil-producing countries in the Middle East and 'middle-income' development countries, like Korea, Thailand, and Turkey.

involved in ~에 참여한 / middle-income 중산층의 / plus 게다가
approximately 대략 / significant 중요한

Useful Expressions

~ as well as … ~뿐 아니라 …도
= not only … but also ~

He has experience as well as knowledge.
= He has not only knowledge but (also) experience.
그는 지식도 있고 경험도 있다.

대외원조에 관계된 국가와 조직의 수효도 상당히 많다. 이를테면, 세계은행과 아시아, 아프리카, 미주 개발은행, 유엔개발계획(UNDP) 같은 국제기구도 수십 개나 되고, 북아메리카와 서유럽의 선진국들과 일본, 중동 산유국 그리고 개발도상국인 한국과 타이, 터키 등 30여 개 국가도 대형 국제원조 프로그램을 갖고 있다.

베껴쓰기

베껴쓰기

Former socialist bloc countries in Eastern Europe are setting up new aid programs, and even relatively poor countries, like India and China, provide aid to other poor countries. And in at least one case, a rich country — the United States — has aided another rich country — the UK (to promote peace in Northern Ireland). Total aid worldwide in 2004 amounted to just over $100 billion. And if we tally up all the public aid provided by governments to other governments, international organizations, and nongovernmental organizations(NGOs) between 1960 and 2004, the total amount exceeds $1.6 trillion.

former socialist bloc 전 사회주의 블록 / set up 설치하다 / relatively 비교적 / aid 지원하다
worldwide 전 세계에서 / amount to 액수가 ~이다 / tally up 총액을 계산하다 / exceed ~을 웃돈다

Useful Expressions

amount to ... 액수가 … 이다(~에 해당하다)

Their actions amount to a breach of contract.
그들의 행위는 계약 위반에 해당한다.

동유럽의 구(舊)사회주의 국가들 역시 구호 프로그램을 갖췄으며 중국과 인도 등 비교적 '배고픈'나라들도 좀더 허기진 나라에 자금을 지원하고 있다. 뿐만 아니라 선진국끼리 구호 활동을 벌이는 이례적인 경우도 있다. 이를테면 북아일랜드의 평화를 증진하기 위해 미국이 영국에 원조하고 있다. 2004년에 집계된 구호 자금은 1,000억 달러에 달하며, 1960년부터 2004년까지 각국이 타 정부와 국제기구, 비정부기구에 투입한 공공 지원금은 총 1조 6,000억 달러를 웃도는 것으로 나타났다.

베껴쓰기

외워쓰기

대외원조에 관계된 국가와 조직의 수효도 상당히 많다. 이를테면, 세계은행과 아시아, 아프리카, 미주 개발은행, 유엔개발계획(UNDP) 같은 국제기구도 수십 개나 되고, 북아메리카와 서유럽의 선진국들과 일본, 중동 산유국 그리고 개발도상국인 한국과 타이, 터키 등 30여 개 국가도 대형 국제원조 프로그램을 갖고 있다.

동유럽의 구(舊)사회주의 국가들 역시 구호 프로그램을 갖췄으며 중국과 인도 등 비교적 '배고픈'나라들도 좀더 허기진 나라에 자금을 지원하고 있다. 뿐만 아니라 선진국끼리 구호 활동을 벌이는 이례적인 경우도 있다. 이를테면 북아일랜드의 평화를 증진하기 위해 미국이 영국에 원조하고 있다. 2004년에 집계된 구호 자금은 1,000억 달러에 달하며, 1960년부터 2004년까지 각국이 타 정부와 국제기구, 비정부기구에 투입한 공공 지원금은 총 1조 6,000억 달러를 웃도는 것으로 나타났다.

Writer's Profile

캐럴 랭커스터Car ol Lancaster

조지타운대학교 애드먼드 A. 왈시 외교대학원 부교수 겸 모타라 국제학센터 회장. USAID 부국장과 아프리카 담당 국무부 부차관을 역임하며 다양한 정부기관에서 활동해왔다. 저서로 『아프리카 원조』와 『미국 해외 원조 조직』이 있다.

chapter

13

정확한 어휘 선택하기

13장 정확한 어휘 선택하기

비문은 가급적이면 쓰지 않는 것이 좋다. 문법 지식이 부족해서 글이 틀리기도 하지만 정확한 어휘의 쓰임새를 몰라 그러는 경우도 비일비재하다. 이를테면, 'historic'을 써야 하는데 저도 모르게 historical을 쓰든가, 혹은 "irresponsible"과 "not responsible"을 같은 의미로 오해하여 엉뚱한 글을 쓸 때도 있다.

어휘의 뜻은 영영사전에서 찾아야 정확한 의미를 파악할 수 있다. 영한사전은 단어가 상황에 따라 어떤 어구로 번역될 수 있는가에 주안점을 두었으므로 어찌 보면, 번역가를 위한 사전이 아닐까 싶은 생각도 든다. 그런데 영영사전은 독자가 어휘를 상황에 맞게 적용할 수 있도록 의미를 포괄적으로 풀이해놓았을 뿐 아니라 단어의 뉘앙스도 파악할 수 있어 여러모로 이롭다. 그러므로 평소에 영영사전의 정의를 꼼꼼히 살펴보는 습관을 기르라.

그럼 자주 혼동할 수 있는 어구 네 쌍을 영영사전식 풀이로 해결해보자.

*historic 획기적인

Something that is **historic** is important in history, or likely to be considered important at some time in the future.

역사적으로 중요하다거나 조만간 그렇게 될 거라고 생각되는 사건

Up until about 1930, it was pretty much America's **historic** ideology.

1930년경까지만 해도 그것은 미국의 획기적인 이념이었다.

*historical 역사적인

Historical people, situations, or things existed in the past and are considered to be a part of history.

역사에 족적을 남긴 인물이나 배경 혹은 사건

The nuclear issue is addressed within that **historical** context.

핵 이슈는 역사적인 맥락 안에서 거론된다.

historic의 초점은 역사가 아니라 '중요도'에 있고 historical은 '역사'에 있다.

*irresponsible 무책임한

If you describe someone as **irresponsible**, you are criticizing them because they do things without properly considering their possible consequences.

상대를 비난하는 뉘앙스로 결과는 생각지 않고 일을 저지르는 사람을 일컫는다.

Most scientists and bioethicists say that the Raelians are being completely **irresponsible**.

대개 과학자와 생명윤리학자들은 라엘리안이 매우 무책임한 사람들이라고 이야기한다.

*not responsible 책임이 없는

If someone or something is **not responsible** for a particular event or situation, they are not the cause of it or they can be blamed for it.
특정 사건에 책임이 없거나 원인을 제공하지 않았다는 말

Contrary to popular belief, he was **not responsible** for the tragedy.
통념과는 달리, 그는 그 참사에 책임이 없었다.

*illegal 불법의

If something is **illegal**, the law says that it is not allowed.
법이 "하지 말라"고 규정한 것

He has an **illegal** immigrant as a nanny.
그는 불법 체류자를 유모로 쓰고 있다.

*illicit 법이나 사회규범에 어긋나는 (illicit이 illegal을 포함하므로 범위가 좀더 넓다)

An **illicit** activity or substance is not allowed by law or the social customs of a country.
법이나 사회적인 관습이 금지해둔 것

To see the **illicit** video, click through to the link below.
불법 비디오를 시청하려면 아래 링크를 클릭하시오.

*high 높은, 높이

Something that is **high** extends a long way from the bottom to the top when it is upright. You do not use high to describe people, animals, or plants.

바닥에서 꼭대기까지를 길게 잇는 것으로 사람이나 동물 혹은 식물을 가리킬 때는 쓰지 않는다.

Papers are piled **high** on the desk.

서류가 책상에 산적이 쌓여있다.

*highly 매우 (high는 물리적인 높이를, highly는 정도를 가리킨다)

Highly is used before some adjectives to mean ‘very’.

형용사 앞에서 ‘매우’라는 뜻이다.

Mr Singh was a **highly** successful salesman

싱 씨는 매우 성공적인 세일즈맨이었다.

베껴쓰기

Keynote Address: The Connectors

Larry King

I have made a career of asking questions, but today I would ask questions of myself. The first question I would ask is, “Would this be really the first time I was in Korea?” Yes, it is the first time, but it could have been the second time. I was drafted into the US Navy in 1951 and that was, of course, at the height of the Korean War. I went to the induction ceremony and I was scheduled to be sworn into the navy but I failed my eye test, and they told me to go home.

career 일, 업무 / draft 징집하다 / Navy 해군 / at the height of ~가 한창 때인
induction ceremony 입대식 / be sworn into 신고하고 ~에 들어가다

Useful Expressions

be scheduled to ~할 예정이다

The items are scheduled to be sent on August 13th.
그 물품은 8월 13일 발송될 예정이다.

기조연설: 연결자들

래리 킹

남에게 묻는 것이 내 일이었는데 오늘은 내 자신에게 물어야겠다. “이번이 첫 방한인가?”가 첫 번째 물음이다. 그렇다. 처음이 맞지만 두 번째가 될 수도 있었다. 6/25 전이 한창이던, 1951년 해군에 징집되었는데, 입대행사에 참석한 나는 신고를 앞두고 시력검사에서 그만 낙방하고 말았다. 그래서 당국은 나를 집으로 돌려보냈다.

베껴쓰기

베껴쓰기

"Does it surprise you that your life took place during so many dangerous times in human history?"

I can't believe what I have lived through. I was born in 1933, which was at the height of the Great Depression in the United States. In the years since, I have shaken hands with ten men who had the power to destroy the world. I have interviewed US presidents Richard Nixon, Gerald Ford, Jimmy Carter, Ronald Reagan, George Bush, Bill Clinton, and Barack Obama. I have also interviewed the last Soviet leader Mikhail Gorbachev and Russian leader Vladimir Putin, as well as various heads of state from France, the UK and elsewhere. They all had the ability to start a nuclear holocaust.

life take place 살다 / live through 극복하며 살다 / the Great Depression 대공황
shake hands with ~와 악수하다 / head 정상 / nuclear holocaust 핵공격

Useful Expressions

as well as ~도 또한

Mozart wrote instrumental music as well as operas.
모차르트는 오페라뿐 아니라 기악곡도 작곡했다.

"인류 역사상 위험한 시기가 많을 때 살았다는 것이 놀랍지 않은가?"
지금껏 몸소 체험한 사건을 돌이켜보면 그저 놀라울 따름이다. 1933년, 경제 대공황이 절정에 달했을 때 내가 태어났고, 그 이후에는 전 세계를 뒤엎을 위력을 가진 10명의 유력인사와 악수를 청했다. 인터뷰를 청한 역대 대통령으로는 리처드 닉슨과 제럴드 포드, 지미 카터, 로널드 레이건, 조지 부시, 빌 클린턴 및 버락 오바마 대통령이 있으며, 최후의 소련 지도자인 미하엘 고르바초프와 블라디미르 푸틴을 비롯하여 프랑스와 영국 등의 정상과도 이야기를 나눈 바 있다. 모두가 핵무기로 홀로코스트를 일으킬 능력이 있었다.

베껴쓰기

베껴쓰기

"How do you think talk shows will change in the future as a result of SNS?"

Talk shows will always be about one person talking to another person. I don't think the talk will ever change. We are never going to have a robot talk show host. And we are not going to have electronic talk shows. We will have Twitter and Facebook, but we will still need people talking to people. I don't think that the talk show we know will change.

electronic 전자의 / change 달라지다 / host 진행자

Useful Expressions

as a result of ~의 결과로

Two workers were contaminated as a result of plutonium leaks.
두 근로자는 플루토늄 유출 결과 피폭되고 말았다.

"SNS(소셜 네트워킹)이 대담 프로그램을 어떻게 바꿔놓을까?"
1대 1 대담 방식은 바뀌지 않을 것이다. 토크쇼가 달라지리라고는 생각지 않는다. 로봇의 토크쇼나 전자식 대담 프로그램은 없을 것이다. 물론 트위터나 페이스북은 자주 활용하겠지만, 대담을 이끄는 사람은 계속 필요하게 마련이다. 우리가 아는 토크쇼가 달라질 거라고는 생각하지 않는다.

베껴쓰기

외워쓰기

기조연설: 연결자들

래리 킹

남에게 묻는 것이 내 일이었는데 오늘은 내 자신에게 물어야겠다. "이번이 첫 방한인가?"가 첫 번째 물음이다. 그렇다, 처음이 맞지만 두 번째가 될 수도 있었다. 6/25 전이 한창이던, 1951년 해군에 징집되었는데, 입대행사에 참석한 나는 신고를 앞두고 시력검사에서 그만 낙방하고 말았다. 그래서 당국은 나를 집으로 돌려보냈다.

"인류 역사상 위험한 시기가 많을 때 살았다는 것이 놀랍지 않은가?"
지금껏 몸소 체험한 사건을 돌이켜보면 그저 놀라울 따름이다. 1933년, 경제 대공황이 절정에 달했을 때 내가 태어났고, 그 이후에는 전 세계를 뒤엎을 위력을 가진 10명의 유력인사와 악수를 청했다. 인터뷰를 청한 역대 대통령으로는 리처드 닉슨과 제럴드 포드, 지미 카터, 로널드 레이건, 조지 부시, 빌 클린턴 및 버락 오바마 대통령이 있으며, 최후의 소련 지도자인 미하엘 고르바초프와 블라디미르 푸틴을 비롯하여 프랑스와 영국 등의 정상과도 이야기를 나눈 바 있다. 모두가 핵무기로 홀로코스트를 일으킬 능력이 있었다.

"SNS(소셜 네트워킹)이 대담 프로그램을 어떻게 바꿔놓을까?"
1대 1 대담 방식은 바뀌지 않을 것이다. 토크쇼가 달라지리라고는 생각지 않는다. 로봇의 토크쇼나 전자식 대담 프로그램은 없을 것이다. 물론 트위터나 페이스북은 자주 활용하겠지만, 대담을 이끄는 사람은 계속 필요하게 마련이다. 우리가 아는 토크쇼가 달라질 거라고는 생각하지 않는다.

Writer's Profile

래리 킹Larry King

뉴욕의 브루클린 태생으로 마이애미 한 라디오방송에 주급 55 달러짜리 토크쇼 진행자로 방송계에 데뷔했다. 그 이후 40년 넘게 토크 쇼 진행자 일을 해왔으며 1985년부터 2010년까지 CNN 의 래리 킹 라이브를 진행했다. 래리 킹 라이브는 210여 개국에 방영되는 CNN의 위력 덕분에 세계에서 가장 영향력 있는 토크쇼로 주목을 받았다.

SBS 디지털 포럼

SBS가 주최하는 서울디지털포럼은 디지털 시대의 흐름을 읽어내고 혁신을 이뤄낼 영감을 공유하며 미래의 비전을 제시하기 위해 마련된 비영리 목적의 국제 포럼이 다. 매년 T.I.M.E. (Technology, Information, Media and Entertainment) 산업과 주요 글로벌 이슈들을 선도하는 세계 정상급 연사들을 초청하여 범세계적인 지식혁명과 산업의 변화에 대해 논의하고 미래의 비전을 제시하며, 각계 리더의 미래를 읽어내는 혜안을 나눔으로써 디지털 시대의 지식 격차 해소와 사회문제 해결 및 경제 발전에 기여하고 있다.

c h a p t e r

14

가정법 활용하기

14장 가정법 활용하기

글에도 감정이 밴다

사람의 감정은 글에도 고스란히 밴다. 글을 빨리 읽으면 감정이나 뉘앙스를 놓치는 경우가 허다하니 여유가 있다면 책은 찬찬히 정독하는 편이 낫다. 글을 쓸 때 필자의 속내를 드러내는 방법으로 가정법 패턴이 널리 쓰인다.

가정법은 과거와 과거완료가 주된 패턴인데 이를 암기해두면 편리하게 써먹을 수 있다. 가정법 과거에는 현재 사실이, 과거완료에는 과거 사실이 이루어지지 않은 데 대한 아쉬움이나 안타까움이 묻어난다.

가정법 과거 패턴

If + 주어 + 과거동사(be동사는 were),
주어 + 조동사의 과거형 + 동사원형

If my dad acted on it now, our family would have billions and billions of dollars.

아버지가 당장 그걸 하신다면 우리는 수억 달러를 만질 수 있을 텐데(에휴, 보나마나 그러지 않으실 거야).

가정법 과거완료 패턴

If + 주어 + had + 과 거 분 사,
주어 + 조동사의 과거형 + have + 과거분사

If my dad had acted on it at that time, our family would have had billions and billions of dollars.

아버지가 그때 그걸 하셨다면 수억 달러를 만졌을 텐데(어휴, 왜 그러지 않으셨을까!).

여기서 응용한 것이 혼합가정인데 IF절에는 가정법 과거완료를, 주절에는 가정법 과거를 쓰면 과거의 동작이 현재까지 지속된다는 뉘앙스가 된다.

(혼합가정) If my dad **had acted** on it at the time, our family **would have** billions and billions of dollars.

아버지가 그때 그걸 하셨더라면 우리는 (지금도) 수억 달러를 만졌을 텐데(아, 그러지 못해 아쉽다).

혹시 영어 좀 배웠다는 티를 내고 싶다면 'IF'를 생략하여 경제성을 최대한 살려보는 것도 나쁘지 않다. IF를 없애면 주어와 동사의 위치를 바꿔야 한다. 접속사가 '부재중'이라는 사실을 통보해야 하기 때문이다. 단, 과거완료나 be동사(were)가 있을 때 적용된다.

Had my dad acted on it at that time, our family would have had billions and billions of dollars.

또 다른 가정법도 유심히 살펴보자.

- **If it were not for+명사**(명사가 없다면)

If it were not for you, I could not go there.

네가 없다면 나는 거기에 갈 수 없을 거야(네가 있어서 참 다행이다!).

이를 가정법 과거완료로 바꾸면 다음과 같다.

• **If it had not been for+명사**(명사가 없었다면)

If it had not been for you, I could have not gone there.
네가 없었다면 나는 거기에 갈 수 없었을 거야(그땐 네가 있어서 불행 중 다행이었지!).

위 패턴은 but for나 without으로 대체할 수 있다. 가정법 과거인지 과거완료인지는 주절의 동사를 보면 알 수 있다.

But for you, I **could not go** there. (가정법 과거)
네가 없다면 나는 거기에 갈 수 없을 거야.

But for you, I **could not have gone** there. (가정법 과거완료)
네가 없었다면 나는 거기에 갈 수 없었을 거야.

[보충수업]

▶ for 와 to는 주어와 동사 관계

It is tiresome for children to be always and forever explaining things to them.

for+명사와 to부정사는 '주어와 동사' 관계이다. 필자는 이를 가리켜 "주어와 동사 장치"라고 말하는데 빈도가 높은 패턴이니 꼭 알아두자.

it be+ +C+for+누구+to부정사
→ 누가 to부정사하는 것은 C하다

it is tiresome (지겹다)
/ for children (아이들이)
/ to be (always and forever) explaining things to them
(무언가를 설명하는 것은)
→ 아이들이 그들에게 일일이 설명하는 것은 지겨운 일이다

▶ 전치사와 접속사를 쓰는 이유?

접속사 that은 문장(절)을 이끌고 전치사 for는 명사를 동반하므로 의미를 좀더 구체적으로 쓰려면 접속사를, 경제적으로 표현하려면 전치사를 쓰면 된다. 실은 접속사 that이 전치사로 진화했다고 보는 것이 맞다. 그런데 전치사는 그때그때 달라지니 주의하자.

I am thankful **for his help**.
I am thankful **that he helped me**.
그의 도움에 감사했다.

Her face showed no sign **of embarrassment**.
Her face showed no sign **that she was embarrassed**.
그녀의 얼굴을 보니 당황한 기색이 없었다.

He insisted **on my leaving home**.
He insisted **that I leave home**.
그는 내가 집을 떠나야 한다고 주장했다.

베껴쓰기

The Future of the 3D Experience

James Cameron

But how applicable is the 3D experience to drama and comedy? This is a big question for TV entertainment. I've done enough normal dramatic scenes, in <Avatar>, to know that 3D definitely gives them more power. It makes the viewer feel more present, which increases the emotional impact. So I'm going to say right now that a drama will have value added by being in 3D, even without all the effects and all the CG.

applicable 적용할 수 있는 / TV entertainment TV 연예사업 / present 현장의viewer 관객
impact 영향력 / have value added 부가가치를 창출하다 / effect (특수)효과 / CG 컴퓨터 그래픽

Useful Expressions

have value added 부가가치를 창출하다

The brand name will have value added to its products in many different ways.
그 브랜드는 제품에 여러모로 부가가치를 창출할 것이다.

3D의 미래

제임스 캐머런

과연 그것이 드라마와 코미디 장르에서도 통할까? 텔레비전 연예/오락 분야에서 꼭 짚어봐야 할 문제이다. 〈아바타〉제작 당시 나는 드라마틱한 장면을 연출하면서 3D라면 점수는 일단 '따 놓은 당상'이라고 믿었다. 관객에게 좀더 생생한 현장감을 만끽하게 하여 감성적인 효과를 증가시킬 테니까. 따라서 지금 말하건대, 드라마 역시 별도의 특수효과나 그래픽을 쓰지 않더라도 3D로 제작함으로써 부가가치를 창출할 수 있으리라 생각한다.

베껴쓰기

베껴쓰기

Comedy is still an unknown, but here's what I know for sure: every single thing that I've seen in 3D, from underwater documentaries, natural history subjects, sports, concerts, and movies has gained from it. But creating only good 3D will be critical to grow the market. Bad experiences will make audiences feel ripped off and wary of spending the actual price next time.

unknown 알려지지 않은 것 / for sure 확실히 / underwater 수중 / gain 득을 얻다
critical 매우 중요하다 / grow 키우다 / ripped off 바가지를 쓰다 / wary 경계하다

Useful Expressions

feel ripped off 바가지를 쓴 기분이다

He warned us against getting ripped off.
그는 바가지 쓰지 않도록 조심하라고 귀띔했다.

코미디는 잘 모르겠지만 한 가지 분명한 사실은 심해 다큐멘터리를 비롯하여 자연사든, 스포츠든, 콘서트든, 영화든 3D로 찍어서 손해를 보진 않았다는 것이다. 다만 품질이 좋은 3D 영상을 제작해야만 시장을 키울 수 있겠다. 품질이 해결되지 않는다면 관객은 바가지를 썼다고 느껴 다음에는 그 돈을 쓰지 않도록 조심할 것이다.

베껴쓰기

외워쓰기

3D의 미래

제임스 캐머런

과연 그것이 드라마와 코미디 장르에서도 통할까? 텔레비전 연예/오락 분야에서 꼭 짚어봐야 할 문제이다. 〈아바타〉제작 당시 나는 드라마틱한 장면을 연출하면서 3D라면 점수는 일단 '따 놓은 당상'이라고 믿었다. 관객에게 좀더 생생한 현장감을 만끽하게 하여 감성적인 효과를 증가시킬 테니까. 따라서 지금 말하건대, 드라마 역시 별도의 특수효과나 그래픽을 쓰지 않더라도 3D로 제작함으로써 부가가치를 창출할 수 있으리라 생각한다.

코미디는 잘 모르겠지만 한 가지 분명한 사실은 심해 다큐멘터리를 비롯하여 자연 사든, 스포츠든, 콘서트든, 영화든 3D로 찍어서 손해를 보진 않았다는 것이다. 다만 품질이 좋은 3D 영상을 제작해야만 시장을 키울 수 있겠다. 품질이 해결되지 않는다면 관객은 바가지를 썼다고 느껴 다음에는 그 돈을 쓰지 않도록 조심할 것이다.

c h a p t e r

15

쉽게 쓰기, 어렵게 쓰기

15장 쉽게 쓰기, 어렵게 쓰기

대학시절, 원어민 회화시간에 교수님께 꾸지람을 들은 적이 있다. '활발한 성격outgoing'을 뜻하는 어구가 떠오르지 않아 파트너가 알아듣기 힘든 "extroverted"를 들먹였기 때문이다. 교수님은 눈을 동그랗게 뜨시고는 "왜 그렇게 어려운 말을 쓰냐?"며 타박하셨다. "extroverted"는 현학적인 뉘앙스로 풀이하자면 "활발하다"보다는 "외향적이다"가 더 어울릴 것이다.

이는 영어어휘 33,000개를 가르쳐준다는(실은 훨씬 적다) 이른바 '어휘박사가 될 사람만 본다'는 『VOCA 33,000』에서 공부한 단어였다. 물론 상대방이 이를 알아들으리라고는 생각지 않았다. 대충 그러려니 하고 넘어갈 줄 알았는데 대화를 듣던 교수님께 덜미가 잡힌 것이다. 사실, "extroverted"는 너무 어려우니 쓸 일이 그리 많진 않을 듯하다. 아니, 죽을 때까지 쓰지 않을지도 모른다.

우리말이나 영어나 매한가지로, 글쓰기 책 저자는 가급적이면 "쉽고 간결하게 쓰라"고 권한다. 그러나 따지고 보면, 글의 성격이나 독자의 수준에 따라 레벨level을 올려서 써야 하는 경우도 있고, 지은이의 스타일에 따라 한 문장이 열 줄을 웃도는 경우도 있다. 그러므로 쉽고 간결한 글만이 100점짜리라고 주장하는 것은 어폐가 있다. 물론 글쓰기에 서툰 사람이 길게 쓰다보면 주어와 서술어의 호응이 깨지거나 주장이 모호해질 수가 있다는 점을 의식하여 그렇게 조언하는 것이리라.

너무 쉬우면 글이 가벼워지고, 너무 어렵게 쓰면 필자의 생각이 왜곡될 수가 있다. 그러나 글의 중용을 지키기란 그리 쉽진 않아 보인다. 독자가 어린이면 쉽고 가볍게 써야하지만 교육수준이 높은 사람이 읽는다면 짧고 쉽고 가벼운 글은 지양해야 하지 않을까? 시시껄렁해 보이고 지루할 테니 말이다. 같은 내용을 전달하더라도 어떤 어휘와 구조를 선택하느냐에 따라 글의 품위는 천양지차로 갈라지게 마련이다.

난이도가 낮은 글은 가벼운 글을 쓸 때 써먹으면 되고, 다소 까다로운 지문은 무게감이 느껴지거나 시사적인 글을 쓸 때 활용하면 좋을 것이다. 그리고 표현도 중요하지만, 저자가 글을 쓰는 스타일도 세심하게 관찰하기 바란다. 그걸 모방했다고 해서 쇠고랑을 차거나 경찰이 출동하진 않는다. 오히려 '글깨나 썼나?'하는 '오해'를 살지도 모른다.

보충수업

▶ 대시의 기능

'긴 작대기(—)' 모양의 기호를 '대시(hyphen)'이라고 하는데, 주로 예를 들거나 부연해서 설명할 때 자주 쓴다. 우리글에서는 잘 쓰지 않지만 번역문에는 간혹 눈에 띈다.

He did corny **things—like** pay his bills on time, go to church on Sunday, and hold an office in the P.T.A.

그는 주로 허드렛일을 했다. **이를테면**, 공과금을 제때 납부하고 주일에는 교회에 갔으며 학부모 · 교사협회PTA에서 직책을 맡기도 했다.

▶ 현재완료진행(have+been+~ing)의 뉘앙스

'have+과거분사'인 현재완료와 'be+~ing'인 현재진행형이 결합하여 '현재완료 진행형(have been+~ing)'이 되었다. 이는 과거부터 지금까지 계속 진행되었으나 아직 끝내지 않은 행동을 표현하는 패턴으로 화자는 행동(action)에 관심을 둔다. 즉, 현재완료 진행 패턴은 결과가 어떻게 될지 알 수 없을 뿐 아니라 별로 알고 싶지도 않을 때 쓴다.

Mary's pants are covered in paint. She has been painting the wall.

메리의 바지가 페인트로 얼룩졌다. 그녀는 (지금까지) 벽을 칠하고 있었다.
(벽을 다 칠하진 않았고, 페인트칠을 마쳤는지는 그리 중요하지 않다.)

Crime rates in the United States have been dropping for a number of years.

미국의 범죄율은 수년간 꾸준히 감소해왔다(앞으로도 계속 감소할 것이다).

베껴쓰기

They are being asked to pay a higher price for a premium experience, so quality has to always be high. From the cameras, through post production, over the delivery network to the final screen, quality needs to be maintained. Stupid decisions, like trying to convert Clash of the Titans from 2D to 3D in just 8 weeks, will produce bad 3D that will hurt this new market.

premium 프리미엄 / quality 품질 / delivery network 배급망 / post production 후반작업
maintain 유지하다 / convert 변환하다

Useful Expressions

in 숫자 **weeks** ~ 주 동안(만에)

The first real dinner I've cooked in weeks.
제대로 된 저녁을 몇 주 만에 처음 먹네요.

'프리미엄premium'이라는 이유로 거금을 들여야 하는 만큼 그에 걸맞게 '품질'도 탁월해야 한다. 카메라에서 후반작업을 거쳐 배급망을 통해 최종 스크린에 오기까지 품질을 유지해야 한다. 8주 만에 〈타이탄Clash of the Titans 2D〉를 3D로 제작하려는 어리석은 처사는 저질 3D를 양산하여 신흥시장을 멍들게 할 것이다.

베껴쓰기

Writer's Profile

제임스 캐머런James Cameron

1998년 3월 아카데미 시상식장에서 작품, 감독 등 무려 11개 부문상을 독식하면서 카메론 감독(1954년 8월 16일 캐나다 온타리오 출생)은 "나는 세상의 왕"이라고 선언했다. 하지만 그로부터 12년간 별다른 후속작을 내놓지 못한 탓에 혹자는 "타이타닉 감독도 영화처럼 침몰한 것 아니냐?"며 비아냥대기도 했다. 결국 그는 2009년 12월 전 세계 극장가에 아바타 3D를 전격 공개하면서 이 같은 냉대를 단번에 날려버렸다.

베껴쓰기

Success and Soul Growth

Newton N. Riddell

If success includes material prosperity, soul growth, and service to others, there must be some way devised to attain all of these at the same time. There is a very generally accepted idea that if one gives themselves fully to their vocation and succeed in material things, they must neglect the spiritual. This idea is fundamentally wrong. The activities necessary for material prosperity, if prompted by unselfish motives instead of being restrictive to moral and spiritual growth, are conducive to such growth.

prosperity 번영 / devise 궁리하다 / attain 달성하다 / vocation 직업 / fundamentally 근본적으로
prompt 즉시 행하다 / A(원인) be conducive to B(결과) A가 B에 도움이 되다

Useful Expressions

A(원인) be conducive to B(결과) A가 B에 도움이 되다

Such an atmosphere is not conducive to free and open speaking.
그런 분위기는 자유롭고 공개적인 대화에 도움이 되지 않는다.

성공과 영혼의 성숙

뉴턴 N. 리델

'성공(success)'이 풍성한 물질과 성숙한 영성 및 섬김을 두고 하는 말이라면 이 셋을 동시에 성취할 수 있는 비결은 분명히 존재할 것이다. 그러므로 '직장 일에 전념하면 수입은 짭짤할지 모르나 영적인 삶은 헤이해질 것'이라는 통념은 애당초 틀린 생각이다. 사실, 도덕성과 영성에 국한되지 않는, 이타적인 동기가 작용한다면 물질적인 풍요에 필요한 활동도 그런 성숙에 보탬이 될 수 있다.

베껴쓰기

외워쓰기

'프리미엄premium'이라는 이유로 거금을 들여야 하는 만큼 그에 걸맞게 '품질'도 탁월해야 한다. 카메라에서 후반작업을 거쳐 배급망을 통해 최종 스크린에 오기까지 품질을 유지해야 한다. 8주 만에 〈타이탄Clash of the Titans 2D〉를 3D로 제작하려는 어리석은 처사는 저질 3D를 양산하여 신흥시장을 멍들게 할 것이다.

성공과 영혼의 성숙

뉴턴 N. 리델

'성공(success)'이 풍성한 물질과 성숙한 영성 및 섬김을 두고 하는 말이라면 이 셋을 동시에 성취할 수 있는 비결은 분명히 존재할 것이다. 그러므로 '직장 일에 전념하면 수입은 짭짤할지 모르나 영적인 삶은 헤이해질 것'이라는 통념은 애당초 틀린 생각이다. 사실, 도덕성과 영성에 국한되지 않는, 이타적인 동기가 작용한다면 물질적인 풍요에 필요한 활동도 그런 성숙에 보탬이 될 수 있다.

c h a p t e r

16

골치 아픈 관사

16장 골치 아픈 관사

골치 아픈 관사를 정복하는 비결

'애매한 것을 정해주는 남자'를 부르고 싶겠지만 그래 봤자 소용이 없다. 애정남도 모르니까. 관사는 딱히 뭐라고 짚어줄 만한 녀석이 아닌지라 설령 원어민에게 그 정체를 배우려 해도 내용이 워낙 방대하다보니 완벽한 습득은 거의 불가능하다고 봐야 옳을 것이다.

관사의 종류는 부정관사 'a(n)'와 정관사 'the'로 딱 두 가지다. 항상 명사 앞에 있어야 하며 경우의 수는 셋이다. (1) 부정관사나 (2) 정관사를 붙이든가 (3) 아예 아무것도 붙이지 말아야 한다. 그런데 그것이 무지 헷갈린다. 명사가 셀 수 있느냐, 없느냐에 따라 관사가 결정되기도 하는데 가산여부를 따지는 것 역시 쉽지가 않기 때문이다.

문법책을 달달 외웠어도 관사는 확신이 서지 않을 것이다. 그러면 재미삼아 아래 국제기구 앞에 관사를 넣어보자. 부정관사는 제외하고 정관사의 표기여부를 결정해보라.

[연습문제]

_______ WTO
_______ NATO
_______ UNESCO
_______ UNDP

관사의 감을 잡는 비결은 이렇다. 우선 제 수준에 맞거나 약간 높은 글을 인터넷에서 내려 받은 뒤(해외판 인터넷 뉴스 권장) 한글 편집 기능에서 '찾아 바꾸기'를 클릭한다. 찾기 창에는 '(한 칸 띄고) the (한 칸 띄고)'를, 바꾸기 창에는 '(한 칸 띄고) ___ (한 칸 띄고)'를 입력한 뒤 모두 바꾸기를 클릭한다. 칸을 띄지 않으면 'the'가 들어간 단어도 '___'로 일괄 변경된다! 부정관사 'a'와 'an'도 같은 방법으로 하고 나면 관사가 없는 명사 앞에도 공란을 표시해두라.

곧바로 빈칸을 채우려 하지 말고 약 2~3일 정도 묵힌 후에 풀어보는 것이 좋다. 물론 정답을 대조해봐야 하므로 원문은 꼭 가지고 있어야 한다. 틀린 것을 곰곰이 따져보며 이해가 가지 않는 부분은 메모해두고 영어교사나, 강사 혹은 원어민 친구 등, 도움이 될 수 있는 지인에게 물어보면 해답을 찾을 수 있을 것이다. 연습은 자신감이 붙을 때까지 꾸준히 하는 것이 좋다.

그럼 연습문제의 답을 확인해보자. **한 글자씩 읽는 기구 앞에는 관사를 붙이고, 단어처럼 연이어 읽는 기구에는 붙이지 않는다.** 단, 공식명칭을 풀어쓸 땐 모두 정관사를 붙인다. 두문자어로 조합된 국제기구는 이런 원칙이 정해져 있으니 원리만 알면 비교적 쉽게 맞힐 수 있을 것이다. 이를 몰랐다면 아마 엄청 고민했으리라 생각한다.

정답

the WTO (더블유, 티, 오) = the World Trade Organization 세계무역기구

NATO (나토) = the North Atlantic Treaty Organization 북대서양조약기구

UNESCO (유네스코)
= the United Nations Educational, Scientific and Cultural Organization 유엔 교육과학문화기구

the UNDP (유, 엔, 디, 피) = the United Nations Development Program 유엔 개발프로그램

베껴쓰기

The fact that most people who give themselves wholly to their work become so engrossed in it that they fail in moral and spiritual attainment, is no proof whatsoever that such a result is necessary. It is all a question of motive. The effects of any act are determined largely by the motive that prompts it and the mental and emotional states that are obtained during the activity.

be engrossed in ~에 몰입하다 / spiritual attainment 영적인 성취감
whatsoever 어떻든 간에(whatever의 강조형) / state 상태

Useful Expressions

fail in + 명사(ing) ~에 실패하다

We hadn't totally failed in saving sharks.
상어를 지키는 데 아주 실패한 것은 아니다.

일에 몰두하는 사람들이 그러는 까닭에 대부분 윤리의식이 없다거나 영성도 기대할 수 없다는 사실을 두고 그런 결과가 필연적이라는 증거는 없다. 그것은 (결국) '동기motive'의 문제이다. 어떤 행동이든 결과는 그와 정신 및 감정을 일으키는 동기가 결정한다.

베껴쓰기

베껴쓰기

If we act from selfish motives, every such activity, no matter how noble its purpose or worthy its end, will inhibit soul growth and tend to narrow and contract the life; whereas, if we act from selfless love, no matter how simple or menial the act, it is conducive to moral and spiritual attainment.

inhibit 방해하다 / contract 단축시키다 / whereas 반면 / menial 하찮은

Useful Expressions

no matter how+adj/adv+S+V 아무리 ~일지라도(강조)
= however

No matter how young the children are, that's insulting.
아무리 아이가 어리다지만 그건 모욕적인 행동이다.

(따라서) 동기가 이기적이면 목적이 고상하거나 가치가 있어도 영혼의 성숙을 방해하고 인생은 더욱 협소해지고 옹색해지나, 조건을 따지지 않는 사랑으로 행동한다면 소소하고 천박해 보이는 행동도 도덕과 영성에 밑거름이 될 것이다.

베껴쓰기

외워쓰기

일에 몰두하는 사람들이 그러는 까닭에 대부분 윤리의식이 없다거나 영성도 기대할 수 없다는 사실을 두고 그런 결과가 필연적이라는 증거는 없다. 그것은 (결국) '동기motive'의 문제이다. 어떤 행동이든 결과는 그와 정신 및 감정을 일으키는 동기가 결정한다.

(따라서) 동기가 이기적이면 목적이 고상하거나 가치가 있어도 영혼의 성숙을 방해하고 인생은 더욱 협소해지고 옹색해지나, 조건을 따지지 않는 사랑으로 행동한다면 소소하고 천박해 보이는 행동도 도덕과 영성에 밑거름이 될 것이다.

Writer's Profile

뉴턴 N. 리델Newton N. Riddell(1862–미상)

성공의 길을 찾고자 하는 젊은이들을 위한 강의로 명성을 떨쳤으며, 『유산과 선천적인 문화 Heredity and Prenatal Culture』와 『임마누엘과 기독교 현실주의Immanuel or Christian Realism』, 『정서상의 아동문화 Child Culture by Mental Suggestion』 및 『신인류The New Man』을 집필했다.

chapter

17

가급적 피해야 할 것

17장 가급적 피해야 할 것

무엇을 피해야 하는가?

어려운 글을 피하라는 이야기가 아니다. 우리말도 그렇지만, "역전 앞"이나 "고목나무" 혹은 "동해바다"처럼 글을 쓰다 보면 어구가 중복되는데도 이를 눈치 채지 못해 사족을 남발하는 경우가 더러 있다. 어구의 중복과 더불어 논리적인 오류 또한 피해야 할 적enemy이다. 영문을 쓸 때 여러분이 피해야 할 것은 딱 두 가지다.

1. 사족을 피하라

중복되는 어구가 없는지 주의 깊게 살펴야 한다.

Our research on human genetics has **advanced forward** considerably.

인간의 유전 연구가 상당히 진전되었다. (advance에 forward가 내포)

→ Our understanding of human genetics has **advanced** considerably.

Left-handers enjoy the surprising advantage only because they are **few in number**.

왼손잡이가 적다는 이유로 그들은 엄청난 덕을 보고 있다. (few에 number가 내포)

→ Left-handers enjoy the surprising advantage only because they are **few**.

The computer comes **cheaper in cost** if you buy the monitor as well.

모니터를 함께 구입하면 컴퓨터를 더 싸게 살 수 있다. (cheaper에 cost가 내포)

→ The computer comes **cheaper** if you buy the monitor as well.

Experts agree on the following **important essentials**.

전문가들은 앞으로 기술할 요점에 동의한다. (essentials에 important가 내포)

→ Experts agree on the following **essentials**.

The **past history** repeats itself.

역사는 돌고 돈다. (history는 모두 past다!)

→ The **history** repeats itself.

As a rule, I **usually** get up early.

나는 대체로 일찍 일어난다. (as a rule이 usually와 중복)

→ I **usually** get up early.

In their opinion, **they thought** they were wrong.

그들은 자신이 틀렸다고 생각했다. (opinion과 admit이 중복)

→ They **thought** they were wrong.

The reason is because humans naturally crave the social status.

사람들은 으레 사회적 지위를 갈망하기 때문이다. (reason과 because가 중복)

→ **The reason is that** humans naturally crave that social status.

2. 현수구조Dangling Construction를 피하라

현수구조란 종속절과 주절의 주어가 서로 일치하지 않는 데서 비롯된 오류를 일컫는다.

When a baby, **my grandfather** gave me a silver coin.

누가 아기인가? 문장에 따르면, "할아버지가 아기였을 때 내게 은화를 주었다"는 뜻이 된다. 이처럼 When절에 주어가 생략되면 주절의 주어와 같은 것으로 봐야 하므로 어색한 글이 되고 만다.

→ When a baby, I was given a silver coin by my grandfather.

내가 아기였을 때 할아버지께 은화를 받았다.

→ When I was a baby, my grandfather gave me a silver coin.

내가 아기였을 때 할아버지가 은화를 주셨다.

Coming home late, **the house** was dark.

문장대로라면 집이 집에 늦게 왔다는 뜻이므로 비문이다.

→ Coming home late, we found the house dark.

→ When we came home late, the house was dark.

집에 늦게 왔을 때 집은 어둑했다.

보충수업

▶ 이중부정

None but the well-bred man knows / how to confess a fault.

but은 'except(제외하고)'의 뜻이므로 **none**(아무도 ~하지 않는)과 만나 이중부정문이 되었다. 강한 긍정은 대개 **이중부정**으로 쓴다.

none but = everyone

→ 품행이 바른 사람이 아닌 이상 잘못을 시인할 줄 아는 사람은 없다.
→ 품행이 바른 사람은 누구나 잘못을 시인할 줄 안다.

▶ 부정+부정

There is **no** rule **but** has some exceptions.
= There is **no** rule **without** any exceptions.
예외 없는 규정은 없다. ⇨ 규정에는 예외가 있게 마련이다.

They **never** meet **but** they quarrel.
= They **never** meet **without** quarreling.
싸우지 않을 거면 만나지도 않는다. ⇨ 만나면 으르렁거린다.

You **cannot** read this book **but** you will be the better for it.
=You **cannot** read this book **without** being the better for it.
이 책에서 소득을 얻지 않고 이를 읽기란 불가능하다. ⇨ 이 책을 읽으면 틀림없이 좋을 것이다.

베껴쓰기

Core Beliefs

Scot Anderson

I love the stories my dad tell me. Occasionally he points at something and tells me that he actually invented it. He invented snowboarding. In the fifties, he and his buddies got a piece of wood and sanded it down. Then they took it to the hills. They called it snowsurfing. I think that if my dad had acted on it at the time, when God gave him that idea, our family would have billions and billions of dollars from that one idea.

occasionally 때때로 / point at ~을 (손가락으로) 가리키다 / buddy 친구
sand it down 사포로 다듬다 / take A to B A를 B로 데려가다 / at the time 당시

Useful Expressions

take A to B A를 B로 데려가다

I took him over to my apartment.
나는 그를 우리 아파트로 데려갔다.

알짜믿음

스코트 앤더슨

아버지께 듣던 이야기를 생각하면 기분이 좋아진다. 때때로 어떤 것을 가리키시면서 "저걸 만든 원조는 바로 나"라고 말씀하셨다. 예컨대, 스노보딩(snowboarding)도 아버지의 작품이었다고 들었다. 1950년대, 친구들과 함께 합판에 사포질을 하시고는 그걸 가져다가 언덕 위로 올라가셨다. 당시에는 이를'스노서핑(snowsurfing)'이라 불렀다고 한다. 이처럼 하나님이 기발한 아이디어를 주셨을 때, 이를 십분 활용했다면 우리 가족은 아마 수십억 달러를 챙겼을 것이다.

베껴쓰기

베껴쓰기

In the early nineties, I had something that came up inside of me, right about the time that the Internet was getting popular. I was very involved in buying and selling cars. So I thought, what if I went to the dealerships and, for a little fee, I had them sign up to have pictures of their cars online where people could print out a list instead of driving from dealer to dealer?

come up 떠오르다 / be involved in ~에 몰두하다 / dealership 중개상
pull something up 무엇을 올리다 / instead of ~하지 않고

Useful Expressions

what if ~ ~라면 어떻게 될까?

What if somebody teased you?
남이 널 놀리면 기분이 어떨까?

90년대 초, 인터넷이 널리 보급될 무렵 이런 생각이 문득 떠올랐다. 필자는 자동차를 사고파는 일에 굉장히 관심이 많았다. 그래서 중개인을 찾아 약간의 수수료를 내고 보유차량의 사진을 인터넷에 등록시키면, 사람들이 판매차량 목록을 직접 출력할 수 있게 하는 것이다. 그러면 일일이 중개인을 찾아다니며 다리품을 팔 필요가 없어질 것 아니겠는가?

베껴쓰기

외워쓰기

알짜믿음

스코트 앤더슨

아버지께 듣던 이야기를 생각하면 기분이 좋아진다. 때때로 어떤 것을 가리키시면서 "저걸 만든 원조는 바로 나"라고 말씀하셨다. 예컨대, 스노보딩(snowboarding)도 아버지의 작품이었다고 들었다. 1950년대, 친구들과 함께 합판에 사포질을 하시고는 그걸 가져다가 언덕 위로 올라가셨다. 당시에는 이를'스노서핑(snowsurfing)'이라 불렀다고 한다. 이처럼 하나님이 기발한 아이디어를 주셨을 때, 이를 십분 활용했다면 우리 가족은 아마 수십억 달러를 챙겼을 것이다.

90년대 초, 인터넷이 널리 보급될 무렵 이런 생각이 문득 떠올랐다. 필자는 자동차를 사고파는 일에 굉장히 관심이 많았다. 그래서 중개인을 찾아 약간의 수수료를 내고 보유차량의 사진을 인터넷에 등록시키면, 사람들이 판매차량 목록을 직접 출력할 수 있게 하는 것이다. 그러면 일일이 중개인을 찾아다니며 다리품을 팔 필요가 없어질 것 아니겠는가?

c h a p t e r

18

접속(부)사가 문맥을 연결한다

18장 접속(부)사가 문맥을 연결한다

접속(부)사는 문맥의 연결고리 역할을 하니 유심히 살펴보아야 한다. 다음 예를 주목해보자.

The name Benjamin Franklin stands for many good things — love of country, common sense, honesty, generosity, thrift, wisdom. While he was growing up, **however**, Ben Franklin made plenty of mistakes.

본문은 벤저민 프랭클린의 이미지가 좋다는 것으로 출발한다. 이를테면, 애국이나 상식, 정직, 관용, 청빈, 지혜 등을 상징하니까(stands for). 그런데 마침 however가 등장한다. 'however'**는 주로 반전을 이룰 때** 사용되므로 그것만 보더라도 '한창 클 시기에는(While he was growing up) 그다지 이미지가 좋지 않았구나!'하는 것을 추측할 수가 있다. 본문은 벤이 아주 많은 잘못을 저질렀다고 한다(Ben Franklin made plenty of mistakes).

그러면 however를 비롯한 접속사와 접속부사의 쓰임을 좀더 살펴보기로 하자.

Recent studies, **however**, have proved this belief to be false.
그러나 최근 연구는 이런 믿음이 틀린 것임을 증명했다.

A instead, B (B가 중요하다)

He didn't reply. **Instead**, he turned on his heel and left the room.
그는 대답을 하지 않았다. **대신 홱 돌아서더니 방을 나가 버렸다.**

A, instead of B (A가 중요하다)

We just had soup **instead of** a full meal.

우리는 제대로 된 식사 대신 수프만 먹었다.

fortunately (however처럼 반전이 일어난다)

I was late, but **fortunately** the meeting hadn't started.

내가 지각했는데 다행히도 회의는 아직 시작되지 않았다.

(on the one hand) / on the other hand (다른 한편으로는)

(On the one hand) they'd love to have kids, but **on the other (hand)**, they don't want to give up their freedom.

그들은 한편으로는 아이가 있었으면 하지만, 다른 한편으로는 자유를 포기하고 싶어 하지 않는다 (on the one hand는 생략될 때가 많다).

on the contrary (반대로, 그러기는커녕)

"It must have been terrible."
"**On the contrary**, I enjoyed every minute."

"틀림없이 끔찍했을 거야."
"웬걸, 순간순간이 즐거웠는걸."

in contrast with A (A와는 대조적으로)

His personality was **in contrast with** his brother's.

그의 성격은 형의 성격과 크게 다르다.

but (역접/ however처럼 반전을 꾀한다)

His mother won't be there, **but** his father might.

그의 어머니는 거기 안 오시겠지만 그의 아버지는 오실지도 몰라.

in fact (역접과 부연설명을 겸비했다)

I may, **in fact**, be wrong.

하기야, 내 잘못일지도 몰라.

I have not received the books, **in fact** I have heard nothing from your company.

책도 그렇고, 본사로부터 아무런 연락도 받지 못했습니다.

therefore (논리적인 결과를 나타낸다)

Therefore, you should learn how to use a computer.

그러므로 여러분은 컴퓨터를 사용하는 방법을 배워야 합니다.

in other words (바꿔 말하면, 즉)

They asked him to leave—**in other words**, he was fired.

그들은 그에게 떠나라고 했다. 즉, 그는 해고당한 것이다.

in short (결론을 요약한다)

His novels belong to a great but vanished age. They are, **in short**, old-fashioned.

그의 소설은 위대했지만 이제는 사라진 시대에 든다. 요컨대, 구식이라는 얘기다.

otherwise ('그러나'가 아니라 '그러지 않았다면'이다)

We're committed to the project. We wouldn't be here otherwise.

우리는 그 프로젝트에 전념했다. 그러지 않았다면 여기까지 오지도 못했을 것이다.

Shut the window, **otherwise** it'll get too cold in here.
(명령문+otherwise)

창문 닫아. 안 그러면 이 안이 너무 추워질 거야.

nevertheless (그럼에도, 앞 내용을 부정하지 않고 다른 의견 제시)

There is little chance that we will succeed in changing the law. **Nevertheless**, it is important that we try.

그 법률 개정에 성공할 가능성은 거의 없다. 그렇기는 해도 시도는 해봐야 한다.

베껴쓰기

I actually started talking to people about putting this concept together but I was not sure if it would work. Today the AutoTrader has nearly three million cars at any given time signed up. At $75 a car, that is a lot of money. That was an idea given to me by God. But what was inside of me was not ready for something that big. I was never able to step out and put my nets into the water and reap the abundance God had for me. Of course, today, AutoTrader just keeps getting bigger.

putting something together 무엇을 추진하다 / concept 콘셉트 / at anygiven time 언제든
that big 그렇게 큰(that은 강조 부사) / reap 수확하다 / abundance 풍성한 것
keep doing 계속 ~하다

Useful Expressions

have something pp (제3자가) something을 ~시키다

My father had his car washed there.
아버지는 세차를 맡기셨다.

이 콘셉트를 의논하기 위해 여러 사람들과 이야기를 나누어봤지만 과연 효과가 있을지 확신이 서지는 않았다. 오늘날 오토 트레이더 AutoTrader의 일정기간 등록 차량은 300만 대에 달한다. 한 대당 수수료가 75달러면 엄청나게 큰돈이 모일 것이다. 사실 그건 하나님이 내게 주셨던 아이디어였다. 건수를 크게 올릴 마음의 준비가 되지 않았다면 강물에 그물을 던져도 하나님이 예비하신 풍성한 수확은 거둘 수 없는 것이다. 물론 오늘날 오토 트레이더의 규모는 여전히 커지고 있다.

베껴쓰기

Writer's Profile

스코트 앤더슨Scott Anderson

네 자녀를 둔 스코트 앤더슨의 타이틀은 목회자와 저자, 그리고 동기부여전문 강연자 등으로 매우 다양하다. 현재 미국 대형 교회에서 행정사무를 보고 있으며, 마커스Murcus와 조니 램Joni Lamb과 함께 토크쇼 '셀레브레이션Celebration'을 진행하고 있다. 또한 주중 프로그램 '위너스 투데이Winners Today'의 공동 진행자로도 활약하고 있으며, TBN, Daystar, UPN 등의 국내 텔레비전 방송에도 출연하고 있다.

베껴쓰기

September 11, 2001

William Engdahl

The call by Deputy Defense Secretary Wolfowitz, Donald Rumsfeld and others immediately after September 11, 2001 to launch a military assault on Iraq, rather than go after the alleged mastermind, Osama bin Laden, led many astute investigators to ask whether the attacks of September 11, 2001 were in fact the "new Pearl Harbor" the authors of the PNAC report had been praying for.

launch a military assault on ~에 군사공격을 감행하다
alleged ~ 라고 알려진(근거가 확실하지 않아 조심스럽게 말한다는 뉘앙스)
astute 예리한 / investigator 수사관
Pearl Harbor 진주만(미국 해군기지와 태평양 함대 본부가 주둔하고 있다. 1941년 12월 7일 일본 공군이 이곳을 기습하여 미국 함대가 일시적인 타격을 입었고, 그 결과 미국이 제2차 세계대전에 참전하게 되었다)
PNAC(The Project for the New American Century) 미국의 100년 프로젝트
mastermind 배후 조종인물

Useful Expressions

S lead O to V S탓에 O가 V하다

His dissipation led him to commit theft.
낭비벽 탓에 그는 절도죄를 저지르고 말았다.

2001년 9월 11일

윌리엄 엥달

2001년 9월 11일 사태 직후, 울포위츠 차관과 도널드 럼스펠드 장관 등, 국방부 고위 관계자들은 배후인물로 추정되는 오사마 빈라덴을 추적하기는커녕 되레 이라크를 공격하자며 목소리를 높였다. 이에 눈치 빠른 수사관 다수는 PNAC 보고서의 작자들이 기도해온 '신 진주만 습격'이 9/11 테러였는지 물었다.

베껴쓰기

외워쓰기

이 콘셉트를 의논하기 위해 여러 사람들과 이야기를 나누어봤지만 과연 효과가 있을지 확신이 서지는 않았다. 오늘날 오토 트레이더AutoTrader의 일정기간 등록 차량은 300만 대에 달한다. 한 대당 수수료가 75달러면 엄청나게 큰돈이 모일 것이다. 사실 그건 하나님이 내게 주셨던 아이디어였다. 건수를 크게 올릴 마음의 준비가 되지 않았다면 강물에 그물을 던져도 하나님이 예비하신 풍성한 수확은 거둘 수 없는 것이다. 물론 오늘날 오토 트레이더의 규모는 여전히 커지고 있다.

2001년 9월 11일

윌리엄 엥달

2001년 9월 11일 사태 직후, 울포위츠 차관과 도널드 럼스펠드 장관 등, 국방부 고위 관계자들은 배후인물로 추정되는 오사마 빈라덴을 추적하기는커녕 되레 이라크를 공격하자며 목소리를 높였다. 이에 눈치 빠른 수사관 다수는 PNAC 보고서의 작자들이 기도해온 '신 진주만 습격'이 9/11 테러였는지 물었다.

c h a p t e r

19

시제 교통정리

19장 시제 교통정리

히브리어(이스라엘 국어)는 시상이 딱 둘이다(완료와 미완료). 그러니 영어보다는 공부하기가 쉽다. 글자가 좀 낯설어서 처음에는 고생깨나 하지만 말이다. 반면, 영어의 굵직한 시제는 셋인데 서로가 결합하여 전혀 새로운 시제가 탄생하기도 한다. 참 신기한 노릇이다. 마치 2세대 혈액형이 조합되는 경우를 보는 듯싶기도 하다.

이를테면, 시제는 **현재, 과거, 미래**라는 단순시제와 **진행** 및 **완료**로 구분하며 이들이 결합되는 방식은 다음과 같다.

현재	do
현재+진행	be doing
현재+완료	have done
현재+완료+진행	have been doing

이처럼 한 가지 경우의 수가 넷이므로 이를 과거와 미래까지 적용해보면 4×3, 즉, 열두 시제가 된다. 각각의 모양도 중요하지만 그 의미를 바르게 알아야 글을 쓸 때 헷갈리지 않을 것이다.

1. 기본시제

현재시제

엄밀히 현재시제는 현재를 이르지 않는다. 현재는 말하는 순간, 과거가 되기 때문이다. 1초 전의 사건도 과거가 아닌가? 그러면 현재시제는 언제 쓸까?

He usually **gets** up at seven in the morning.

그는 보통 아침 7시에 일어난다. (평소)

The movie **starts** at 9 o'clock this evening.

영화는 저녁 9시에 시작할 거야. (미래)

주어가 하나이므로 동사 GET에 'S'를 붙였다. 현재는 주로 **평소에 하는 행동이나 가까운 미래**를 이야기할 때 쓴다.

과거시제

과거형은 규칙일 경우에는 동사 끝에 '~ed'를 붙이고 불규칙일 땐 일일이 외워두어야 한다. 과거에 벌어져 이미 끝난 사건을 진술할 때 쓴다. 구체적인 시기를 함께 써주는 것이 좋다.

She **went** to the department store last Monday.

그녀는 지난 주 월요일 백화점에 갔다.

The Second World War **ended** in August 1945.

2차 대전은 1945년 8월에 종식되었다.

미래시제

미래시제는 조동사 will을 붙여서 만들거나 be going to+**동사원형**을 써서 표현하기도 한다.

I **will** remember you.

너를 기억하겠어. (will에는 의지가 담겨있다)

The item **is going to** arrive in two or three days.

제품은 2, 3일 후면 도착할 것입니다.

2. 진행시제

진행시제는 be동사 + 동사원형 + ing이며 동작이 아직 끝나지 않았음을 시사한다.

현재진행

am/are/is + **동사원형** + ing

We **are** play**ing** baseball in the playground.

놀이터에서 야구를 하고 있다.

Aunt Mary **is** com**ing** to my house this weekend.

주말에 고모가 오신다.

첫 번째는 야구경기가 아직 끝나지 않았다는 이야기다. 현재 진행시제는 두 번째 예문처럼 가까운 미래를 나타내는 경우도 있다.

과거진행

was/were + **동사원형** + ing

It **was raining** heavily when I looked out the window.

창밖을 봤을 때 폭우가 쏟아지고 있었다.

What **were** you **doing** last night?

어젯밤에 무엇을 하고 있었니?

과거를 기준으로 사건이 아직 끝나지 않을 때 과거진행형을 쓴다.

미래진행

will be + **동사원형** + ing
be going to be + **동사원형** + ing

I **will be crossing** the Pacific Ocean this time tomorrow.
내일 이때쯤이면 태평양을 건너고 있을 것이다.

My daughter is **going to be working** at a local company this summer.
딸아이는 올 여름엔 현지 회사에서 일하고 있을 것이다.

미래가 기준 시점이고 그때 동작이 계속되는 상황을 표현할 때 미래진행을 쓴다.

3. 완료시제

완료시제의 용법은 완료와 계속, 경험 및 결과로 구분한다.

현재완료

have + **과거분사**(pp)

Jennifer **have just finished** her first year of law school. (완료)
제니퍼는 로스쿨 1년을 지금 마쳤다. (최근이나 지금 완료된 행위)

I **have lost** the key to my apartment. (결과)
아파트 열쇠를 잃어버렸다. (그 결과 지금 없다)

I **have (ever) been** to many countries in Europe. (경험)

유럽의 많은 나라를 가본 적이 있다. (ever나 never를 함께 쓰기도 한다)

My parents **have been married for** 25 years. (계속)

부모님은 결혼한 지 25년 되었다. (for나 since 등 기간을 나타내는 전치사를 동반)

과거완료

had + 과거분사(pp)

The baseball match **had already begun** when I turned on the TV. (완료)

텔레비전을 틀자 야구경기가 이미 시작되었다. (텔레비전을 틀기 전부터 경기가 시작됨)

When I got home, I realized I **had left** my bag in the train. (결과)

집에 왔을 때 가방을 열차에 두고 내렸다는 것을 깨달았다. (집에 온 것보다 가방을 두고 내린 사건이 먼저 일어남)

I **had** never **seen** a koala until I saw one in Australia last year. (경험)

작년 호주에서 보기 전에는 코알라를 본 적이 없다.

He **had studied for** ten years before he passed the exam. (계속)

10년을 공부하고 나서야 시험에 통과했다.

과거 이전의 완료와 계속, 경험 및 결과를 나타낼 때 과거완료시제를 쓴다. 과거완료는 **과거보다 앞선 시제**라는 점도 중요하다.

미래완료

will + have + 과거분사(pp)

Chris **will have lived** in Tucson for 4 years by next March.

내년 3월이면 크리스가 투손에 산 지 4년이 된다.

It **will have rained** for three days by tomorrow.

비가 내일 더 내리면 3일째 연일 내린 셈이 된다.

미래완료는 미래의 한 시점까지의 완료와 계속, 경험 및 결과를 나타낼 때 쓴다.

4. 완료진행시제

완료형과 진행형이 결합한 시제로서 아직 끝나지 않은 상황을 일컫는다.

현재완료진행

have been + 동사원형 + ing

Paul **has been studying** economics for three years.

폴은 3년째 경제학을 공부해왔다.

We **have been listening** to the same song for one hour.

우리는 한 시간 동안 같은 노래를 들어왔다.

The ground is wet. It **has been raining**.

땅이 젖었네. 비가 왔었구나. (땅이 젖은 것을 보고 비가 왔었다는 사실을 짐작할 때)

과거에 시작되어 현재까지 지속되는 일로 아직 끝나지 않았다는 점을 강조하거나, 최근 혹은 방금 전까지 진행되었던 사건을 표현한다.

과거완료진행

had been + 동사원형 + ing

They **had been talking** for over an hour before I got there.

내가 가기 전 그들은 한 시간 째 이야기를 하고 있었다.

Mike needed some rest because he **had been working** all day.

마이크는 하루 종일 일을 했으므로 휴식이 필요했다.

과거의 기준 시점 이전에 시작되어 과거의 어느 시점까지 계속 이어온 사건을 표현한다.

미래완료진행

will have been + 동사원형 + ing

In ten minutes, I **will have been waiting** an hour for the bus.

10분 후면 버스 기다린 지 한 시간째가 된다.

I **will have been working**(=will have worked) as a manager for 30 years next year.

내년이면 매니저로 일한 지 30년째가 된다.

미래의 어느 시점까지 어떤 동작이나 상태가 진행한다는 것을 표현할 때 미래완료진행을 쓰나 활용빈도는 극히 낮다.

[보충수업]

▶ have+O+pp 구문의 이해

You'll **have** your head **chopped off** for your impudence!
경거망동한 죄로 네 목을 칠 것이야!

문법 편에서 언급했듯이, **제3자가 하는 일은 'have+목적어+과거분사'** 형태를 쓴다. 예컨대, 이 패턴은 머리를 깎는다거나 카센터에 차 수리를 맡긴다는 표현에서 자주 눈에 띈다.

I **had my hair cut** last night. 어제 저녁에 머리를 잘랐다
I **had my car repaired** yesterday. 어제 차 수리를 맡겼다

따라서 you'll have your head chopped off도 '제3자가 머리를 자른다'는 이야기다.

▶ 수동태(be+pp)에서 by는 '주어'를 표시하는 장치

Judge Roll **was recommended** for the Federal Bench **by John McCain** twenty years ago, appointed **by President George H. W. Bush**

굳이 수동태가 아니더라도 by가 주어를 표시할 때가 종종 있다. 본문에 나온 주어는 둘인데 그에 딸린 동사는 의미가 각각 다르다. 이를테면, 'was recommended(추천되었다)'에서 **추천한 사람은 존 맥케인(by John McCain)**이고 '(be) appointed(지명되었다)'에서 **지명한 사람은 바로 조지 H. W. 부시**다.

He was surprised **at** the news.
그는 그 소식에 놀랐다. (소식이 능동 적으로 그를 놀라게 한 것은 아니다)

He was surprised **by** a man.
그 남자에게 놀랐다. (남자가 능동적으로 그를 놀라게 했다)

베껴쓰기

A growing number of critical citizens began to question the accusations against an elusive Osama bin Laden as mastermind of 19 Arabic-speaking terrorists. The idea that they could commandeer, with only primitive boxcutters, four sophisticated Boeing commercial jets and redirect three of them, successfully, as apparently poorly-trained amateur pilots in air maneuvers which seasoned pilots claimed were near impossible, was creating growing disbelief among ordinary Americans in the official US Government version of the events.

the accusations against A as B A를 B라고 비난함 / commandeer 제멋대로 쓰다
primitive boxcutters 구닥다리 소형 칼 / sophisticated 최첨단 / commercial jets 민항기
redirect 항로를 바꾸다 / apparently ~로 보이는 / maneuver 책략 / seasoned 노련한
disbelief 불신

Useful Expressions

disbelief ~ in ... …을 불신함

He has an obstinate disbelief in his own ability.
그는 자신의 능력을 고집스레 믿지 않는다.

점차 수효가 늘던, 비판적인 국민들은 아랍어를 구사하는 19명의 테러리스트 중 배후인물로 오사마 빈라덴이 가장 유력하다는 주장을 문제 삼기 시작했다. 아무래도 아마추어에 불과한 그들이 문구점에서 파는 칼만으로 최첨단 보잉 민항기 넷을 제멋대로 조종하고 그 중 세 기의 항로를 성공적으로 바꾸었다는 점은 — 전문가의 소견에도 거의 불가능한 — 믿기가 어려운 탓에 정부측이 해명한 진상을 두고 불신이 점차 커졌던 것이다.

베껴쓰기

베껴쓰기

What became clearer in the months after 9-11 was that the attack was clearly used immediately by the Bush Administration, at the very least, as the pretext to launch a war on Islam under the name of a 'War on Terror,' the 'Clash of Civilizations,' which Harvard Professor Samuel Huntington outlined in the early 1990's.

at the very least 적어도 / launch a war on = wage a war on 전쟁을 선포하다
under the name of ~라는 미명(명분)하에 / outline 개괄적으로 쓰다

Useful Expressions

be used as the pretext to ~라는 구실로 이용되다

The incident was used as the pretext to get involved in the area.
그 사건은 그 지역에 개입하는 구실로 이용되었다.

부시행정부가 '테러와의 전쟁War on Terror'이라는 미명하에 — 1990년대 사무엘 헌팅턴Samuel Huntington 하버드대 교수가 개괄적으로 주장한 '문명의 충돌'과도 맥락이 같다 — 이슬람과의 전쟁을 개시하기 위한 명분으로 9/11 사태를 이용했다는 점은 수개월이 지나서야 입증되었다.

베껴쓰기

외워쓰기

점차 수효가 늘던, 비판적인 국민들은 아랍어를 구사하는 19명의 테러리스트 중 배후인물로 오사마 빈라덴이 가장 유력하다는 주장을 문제 삼기 시작했다. 아무래도 아마추어에 불과한 그들이 문구점에서 파는 칼만으로 최첨단 보잉 민항기 넷을 제멋대로 조종하고 그 중 세 기의 항로를 성공적으로 바꾸었다는 점은 — 전문가의 소견에도 거의 불가능한 — 믿기가 어려운 탓에 정부측이 해명한 진상을 두고 불신이 점차 커졌던 것이다.

부시행정부가 '테러와의 전쟁War on Terror'이라는 미명하에 — 1990년대 사무엘 헌팅턴Samuel Huntington 하버드대 교수가 개괄적으로 주장한 '문명의 충돌'과도 맥락이 같다 — 이슬람과의 전쟁을 개시하기 위한 명분으로 9/11 사태를 이용했다는 점은 수개월이 지나서야 입증되었다.

Writer's Profile

월리엄 엥달 illiam Engdahl

독일계 미국인으로 1944년 8월 9일 미국 미네소타 주 미니애폴리스에서 태어났다. 프린스턴 대학에서 공학과 법리학을, 스웨덴에 있는 스톡홀름 대학원에서 전략경제학을 전공했다. 졸업 후 경제학자이자 프리랜스 기자로서 뉴욕과 유럽 등지에서 활동해온 그는 미국 주류 사회가 싫어하는 대표적인 좌파경제학자/지정학자/역사학자다. 수많은 국제회의에서 지정학/경제/에너지를 주제로 강연하고, 각종 좌익 매체에 출연하거나 글을 연재하고 있다. 저서로는 『석유 지정학이 파헤친 20세기 세계사의 진실』(도서출판 길, 2007) 등이 있다.

c h a p t e r

20

THAT, 알고 쓰자

20장 THAT, 알고 쓰자

THAT의 정체를 알고 쓰라

접속사 'that'은 쓰임새가 여럿이기도 하고 사용 빈도도 높지만 생략되는 경우도 많아 쓰지 않을 때가 많다. 이와 같이, 기능이 많은 단어는 일목요연하게 정리해두는 것이 바람직하다. 다음 내용을 학습한 뒤 암기해서 쓸 수 있을 만큼 연습하기 바란다.

Word(소문) has reached him **that** there is **talk** in the palace **that** the Prince has gone mad.

본문에는 'that'이 두 번 나오는데 이를 분석하기에 앞서 문장을 의미단위로 끊어서 읽어보자.

Word has reached him/ 소문이 그의 귀에 들렸다. (무슨 소문?)
that there is **talk**/ 이야기가 있다는 (어디에서?)
in the palace/ 궁에서 (무슨 이야기?)
that the Prince has gone mad./ 왕자가 미쳤다는

여기서 that은 모두 동격을 이루는 말로 각각 'word'와 'talk'를 구체적으로 언급한 접속사이다.

THAT을 쓰는 경우

1. 지시대명사

That summer there was a great earthquake.
그 해 여름에 큰 지진이 있었다.

2. 관계대명사

The old man **(that)** we helped has turned out to be a remote relative of our own.

우리가 구한 노인은 우리의 먼 친척임을 알았다

3. 동격접속사

The belief **that** the world was round was not peculiar to Columbus.

이 세상이 둥글다는 신념은 콜럼버스만의 것은 아니었다.

4. 명사절을 이끄는 접속사

That the earth is round is the general knowledge today(주어).

지구가 둥글다는 것은 오늘날에는 상식이다.

My opinion is **that** he really doesn't understand you.

제 의견은, 그가 실제로는 선생의 말씀을 못 알아듣는다는 것입니다(보어).

We knew **(that)** they were innocent.

그들이 무죄라는 것을 우리는 알고 있었다(목적어).

5. 부사

He is not **that** rich.

그가 **그렇게** 부자는 아니다.

베껴쓰기

Did the WTO Kill Lee Kyung Hae?

Raj Patel

I went to Korea to find out more about why Lee died. At the time of his death, Lee Ji Hye, one of his three daughters, said, “He didn’t die to be a hero or to draw attention to himself. He died to show the plight of Korean farmers, something he knew from personal experience.”

at the time of his death = when he died 그가 죽을 당시 / plight 곤경

Useful Expressions

find out ~을 알게 되다

She won’t be happy when she finds out about this.
그녀가 이를 안다면 기분이 좋진 않을 것이다.

WTO가 이경해를 죽였는가?

라즈 파텔

이씨가 자살한 까닭을 좀더 파헤치기 위해 한국 땅을 밟았다. 그가 죽을 당시, 세 딸 중 하나인 이지혜 씨는 “아버지는 영웅이 되고 싶다거나 인기를 끌려고 돌아가신 것이 아닙니다. 궁지에 몰린 한국 농민의 실상을 보여주기 위해 돌아가신 겁니다. 그 사실은 당신의 경험으로 알게 된 것입니다.”라고 말했다.

베껴쓰기

베껴쓰기

She was halfway around the world when she heard of her father's death. Kang Ki Kab was there at the time. Also a farmer, he is now a member of South Korea's National Legislature. Kang used to be a foot soldier with the Korean Peasants Association — he has his finger on the pulse of farmer politics and is a small-holding rice farmer. He, like Lee, knows the plight of Korean farmers firsthand.

halfway around the world 지구 반대편 / a member of National Legislature 국회의원
foot soldier 보병/중요하지만 실권은 없는 사람
the Korean Peasants Association 전국농민회총연맹 / firsthand 몸소 체험하여
small-holding rice farmer 소농

Useful Expressions

have one's finger on the pulse of ~을 속속들이 알고 있다

You've got to have your finger on the pulse of the car industry.
자동차 산업은 속속들이 알고 있어야 한다.

부친의 부음을 듣고 그녀는 지구의 절반을 날아갔다. 현장에는 강기갑 씨도 함께 있었다. 농민이자 현역 국회의원인 그는 전국농민회총연맹the Korean Peasants Association에서 중요한 역할을 했으나 실권은 없었다(즉, 소농으로서 농민정책을 속속들이 파악하고 있었다). 그도 이 씨처럼 한국 농민의 고충을 몸소 겪어 이를 잘 알고 있었다.

베껴쓰기

외워쓰기

WTO가 이경해를 죽였는가?

라즈 파텔

이씨가 자살한 까닭을 좀더 파헤치기 위해 한국 땅을 밟았다. 그가 죽을 당시, 세 딸 중 하나인 이지혜 씨는 "아버지는 영웅이 되고 싶다거나 인기를 끌려고 돌아가신 것이 아닙니다. 궁지에 몰린 한국 농민의 실상을 보여주기 위해 돌아가신 겁니다. 그 사실은 당신의 경험으로 알게 된 것입니다."라고 말했다.

외워쓰기

부친의 부음을 듣고 그녀는 지구의 절반을 날아갔다. 현장에는 강기갑 씨도 함께 있었다. 농민이자 현역 국회의원인 그는 전국농민회총연맹the Korean Peasants Association에서 중요한 역할을 했으나 실권은 없었다(즉, 소농으로서 농민정책을 속속들이 파악하고 있었다). 그도 이 씨처럼 한국 농민의 고충을 몸소 겪어 이를 잘 알고 있었다.

베껴쓰기

The most essential things for human beings are the elements — sun, air, water and food. These are the essential resources for people's lives. God decided that these things would be the enjoyment of all, so that all might live. He does not intend that we monopolize the elements — yet because they're so abundant, people treat them as trivial, they do not take them seriously. The trend, the wind behind the WTO, is the globalization of the capitalist system.

element 원소 / intend 의도하다 / monopolize 독점하다 / abundant 풍부한trivial 하찮은
take ~ seriously ~을 진지하게 생각하다 / capitalist system 자본주의 체제

Useful Expressions

so that S+might +V ~하기 위해

He left home at once so that he might be in time for the train.
그는 여유 있게 기차를 타려고 즉시 집을 나섰다.

"인간이 살아가는 데 없어서는 안 되는 것을 '원소'라 하며, 햇빛과 공기, 물, 식량이 여기에 포함됩니다. 이들은 사람이 연명하기 위한 필수적인 자원입니다. 하느님은 모든 사람이 이를 누려야 한다고 말씀하셨습니다. 그분은 우리가 원소를 독점하는 것을 원치 아니하십니다. 그러나 사람들은 너무 풍족해진 탓에 원소를 하찮게 여겼고, 이를 더 이상 진지하게 생각하지 않았습니다. WTO 이면에 불어 닥친 트렌드는 바로 자본주의 체제의 세계화입니다."

베껴쓰기

베껴쓰기

The fundamental contradiction is the polarization of the rich and poor, with the poor getting poorer and the rich getting richer. Some might say that this is the natural logic of competition. But if you're a human being with reason and conscience, then the WTO should be eliminated. Agricultural products should be saved as a human right. To live, people need to eat. You cannot commercialize this. It's such an anti-human behaviour, not just anti-social, but anti-people.

fundamental contradiction 근본적인 모순 / polarization 양극화 / reason 이성
conscience 양심 / eliminate 제거하다 / sector 부문 / commercialize 상업화하다

Useful Expressions

with + O + ~ing O가 ~하는 상황이다

The comic books are almost sold out, with its story getting more interesting.
스토리에 재미가 더해지자 만화책 매진이 임박했다.

not just A but (also) B A뿐 아니라 B도

Quilting is not just for keeping warm, but also for decorating homes.
퀼트는 보온뿐 아니라 집을 장식하기 위한 것이다.

"근본적인 모순은 빈부의 양극화, 즉 가난한 사람은 가난해지고 부유한 사람은 더 부를 쌓아올리는 양극화 현상이 생겨났다는 것입니다. 혹자는 이를 경쟁의 당연한 논리라고 말할지도 모릅니다. 그러나 이성과 양심이 있는 사람이라면 (여러분에 의해) WTO는 없어져야 마땅합니다. 농산물은 인권의 일환으로 보호를 받아야 합니다. 사람이 살려면 일단 먹어야 하니까요. 여러분은 이를 상업화해서는 안 됩니다. 그건 인간의 행동을 거스르는 짓인 데다, 반사회적일 뿐 아니라 반인간적인 작태입니다."

베껴쓰기

외워쓰기

"인간이 살아가는 데 없어서는 안 되는 것을 '원소'라 하며, 햇빛과 공기, 물, 식량이 여기에 포함됩니다. 이들은 사람이 연명하기 위한 필수적인 자원입니다. 하느님은 모든 사람이 이를 누려야 한다고 말씀하셨습니다. 그분은 우리가 원소를 독점하는 것을 원치 아니하십니다. 그러나 사람들은 너무 풍족해진 탓에 원소를 하찮게 여겼고, 이를 더 이상 진지하게 생각하지 않았습니다. WTO 이면에 불어 닥친 트렌드는 바로 자본주의 체제의 세계화입니다."

외워쓰기

"근본적인 모순은 빈부의 양극화, 즉 가난한 사람은 가난해지고 부유한 사람은 더 부를 쌓아올리는 양극화 현상이 생겨났다는 것입니다. 혹자는 이를 경쟁의 당연한 논리라고 말할지도 모릅니다. 그러나 이성과 양심이 있는 사람이라면 (여러분에 의해) WTO는 없어져야 마땅합니다. 농산물은 인권의 일환으로 보호를 받아야 합니다. 사람이 살려면 일단 먹어야 하니까요. 여러분은 이를 상업화해서는 안 됩니다. 그건 인간의 행동을 거스르는 짓인 데다, 반사회적일 뿐 아니라 반인간적인 작태입니다."

베껴쓰기

And what has this to do with Lee Kyung Hae's suicide at the WTO? The reason I've told you all this is that I wanted you to understand the impact that the trade system has had on Korean farmers. The WTO policy is like a bomb to peasants. They can't even live with agricultural products.

suicide 자살 / bomb 폭탄 / peasant 소작농

Useful Expressions

have to do with ~과 관계가 있다

Attitude seems to have a lot to do with recovery.
마음가짐은 회복과 관계가 깊은 것 같다.

그렇다면 위 내용이 WTO 회담장에서 자살한 이경해 씨와는 무슨 상관이 있을까? 이 같은 정황을 기술한 까닭은 무역체제가 한국 농민들에게 끼친 영향을 독자 여러분이 이해하길 바랐기 때문이다. WTO에서 수립한 정책은 소작농에게는 폭탄과도 같다. 농산물이 있어도 살기가 빠듯하기 때문이다.

베껴쓰기

베껴쓰기

Before, a year's salary was the equivalent of eleven bags of rice. Now eleven bags is $700, which is one month's salary. In most of the farming towns, 60~70 percent of people are seventy years old. Since it's not so profitable, they're all in debt. They cannot pay back.

farming towns 농촌 / in debt 빚진 / pay back 갚다

Useful Expressions

the equivalent of ~와 맞먹었다

Even the cheapest car costs the equivalent of 70 years' salary for a government worker.
가장 저렴한 찻값조차도 공무원의 70년 연봉과 맞먹는다.

과거에는 연봉이 쌀 11가마니와 맞먹었지만 지금 쌀 11가마니는 월급 수준인 700달러밖에 되지 않는다. 농촌은 대부분 70세 노인이 약 60~70퍼센트를 차지하며, 수지가 맞지 않아 모두 빚을 지고 있다. 그들에게는 이를 갚을 여력이 없다.

베껴쓰기

외워쓰기

그렇다면 위 내용이 WTO 회담장에서 자살한 이경해 씨와는 무슨 상관이 있을까? 이 같은 정황을 기술한 까닭은 무역체제가 한국 농민들에게 끼친 영향을 독자 여러분이 이해하길 바랐기 때문이다. WTO에서 수립한 정책은 소작농에게는 폭탄과도 같다. 농산물이 있어도 살기가 빠듯하기 때문이다.

과거에는 연봉이 쌀 11가마니와 맞먹었지만 지금 쌀 11가마니는 월급 수준인 700달러밖에 되지 않는다. 농촌은 대부분 70세 노인이 약 60~70퍼센트를 차지하며, 수지가 맞지 않아 모두 빚을 지고 있다. 그들에게는 이를 갚을 여력이 없다.

Writer's Profile

라즈 파텔Raj Patel

1972년 런던 출생. 옥스퍼드 대학에서 정치철학과 경제학학사, 런던정경대학LSE에서 석사, 그리고 코넬 대학에서 박사 학위를 받았다. 예일대학과 UC 버클리 대학의 아프리카학 센터 방문교수이고, 온라인진보 웹진인 "The Voice of the Turtle"의 공동 편집자로 활동하고 있다. 세계은행, 세계무역기구, 국제연합 등에서 일하기도 한 라즈 파텔은 현재 '푸드퍼스트Food First'로 잘 알려진 비영리연구교육기관인 '식량과 발전정책 연구소Institute of Food and Development Policy'와 남아프리카공화국 콰줄루나탈 대학 국제개발학 연구소에서 특별 연구원으로 있다. 저서로는 『경제학의 배신The Value of Nothing』과 『먹거리 반란 Food Rebellions!』 등이 있다.

리디북스 스테디셀러

베끼기만 해도 영어가 는다?!

모방이 답이다!

써보면 필사의 위대한 능력에 탄복하게 되리라 자부한다.

글을 베끼다보면 작가의 표현이 내 것이 되어

글쓰기 실력을 '차용'에서 '응용'단계로 발전시킬 수 있다.

직접 쓰거나 뱉어낸 표현은 기억에 오래오래 남게 마련이다.

– 머리말 중

부록

베껴 쓰기 노트

송산출판사

부록

베껴쓰기 노트

Is it just hype? People seemed to exist just fine on the planet for a very long time without mobile phones. But like planes, trains, and automobiles, like sliced bread, 99-cent cheeseburgers, and Starbucks coffee, some products and services simply transform societies. Wireless technology has transformed the world.

hype 과대포장 / make a traditional wired phone call 기존의 유선전화를 걸다
transform 변모시키다 / automobile 승용차

베껴쓰기

과대포장일까? 이동전화 없이도 오랜 세월을 아무 탈 없이 지낸 듯싶으니 말이다. 그러나 항공기나 기차, 승용차, 먹기 좋게 썬 빵, 99센트 치즈버거와 스타벅스 커피 등 몇몇 제품과 서비스가 사회를 변화시켰듯이 무선기술 또한 세상을 바꿔놓았다.

There are more people using mobile phones in China today than there are people in the United States. There are hundreds of millions of people in the world who have never made a traditional wired phone call and never will.

make a traditional wired phone call 기존의 유선전화를 걸다
hundreds of millions of 수억의

베껴쓰기

note: 비교급 than의 전후관계를 살펴가며 베껴 쓴다.

오늘날 이동전화를 이용하는 고객은 미국보다 중국이 훨씬 많다. 전 세계에는 기존의 유선전화를 구경도 못한 데다 앞으로도 못할 듯싶은 인구가 아직도 수억에 달한다.

외워쓰기

개인컴퓨터보다 훨씬 더 중요한 까닭은 형편이 여의치 못해 컴퓨터를 구입할 수 없는 사람들에게 이동전화도 컴퓨터의 기능을 '소화'할 수 있다는 것을 보여주었기 때문이다. 무선기술은 이동성mobility을 둘러싼, 인류의 욕망을 낳았다. 이동식 무선기술과 인터넷, 그리고 월드 와이드 웹이 몰고 온 '국제정보화혁명'으로 세상은 아주 달라졌다.

과대포장일까? 이동전화 없이도 오랜 세월을 아무 탈 없이 지낸 듯싶으니 말이다. 그러나 항공기나 기차, 승용차, 먹기 좋게 썬 빵, 99센트 치즈버거와 스타벅스 커피 등, 몇몇 제품과 서비스가 사회를 변화시켰듯이 무선기술 또한 세상을 바꿔놓았다.

오늘날 이동전화를 이용하는 고객은 미국보다 중국이 훨씬 많다. 전 세계에는 기존의 유선전화를 구경도 못한 데다 앞으로도 못할 듯싶은 인구가 아직도 수억에 달한다.

Insects: The Future of Protein?

Damian Carrington

Saving the planet one plateful at a time does not mean cutting back on meat, according to new research: the trick may be to switch our diet to insects and other creepy-crawlies. The raising of livestock such as cows, pigs and sheep occupies two-thirds of the world's farmland and generates 20% of all the greenhouse gases driving global warming. As a result, the United Nations and rich countries want to reduce the amount of meat we eat and the search is on for alternatives.

cut back on ~을 줄이다 / switch A to B A를 B로 바꾸다 / creepy-crawly 기어다니는 벌레
livestock 가축 / such as 예를 들면 / generate 발생시키다 / be on ~이 진행중이다
alternative 대안 / trick 묘책

베껴쓰기

note: 동명사 주어 및 분수의 구조에 유의하며 쓴다.

앞으로 단백질은 곤충이 책임진다?

데미안 캐링턴

최근 연구에 따르면, '차근차근 지구를 살리자.'는 슬로건은 육류 소비를 줄이자는 뜻이 아니라고 한다. 묘책은 곤충이나 '기는 녀석'으로 식단을 바꾸는 것. 소나 돼지 및 양과 같은 가축은 지구촌 농가의 3분의 2를 차지하며 지구 온난화의 주범인 온실가스의 20퍼센트를 배출한다. 그 결과, 유엔을 비롯한 여러 선진국은 육류 섭취를 줄이고자 대안을 강구하고 있다.

A policy paper on the eating of insects is being formally considered by the UN Food and Agriculture Organization (FAO). The FAO held a meeting on the theme in Thailand in 2008 and there are plans for a world congress in 2013. Professor Arnold van Huis, an entomologist at Wageningen University in the Netherlands and the author of the UN paper, says eating insects has advantages.

policy paper on ~에 관한 정책보고서 / hold a meeting on ~을 논의하는 자리를 마련하다
entomologist 곤충학자 / meat crisis 육류 파동 / consume 섭취하다 / in 20 years 20년 후

베껴쓰기

note: 고유명사 앞에 붙는 정관사에 유의한다.

이에 유엔 식량농업기구FAO는 곤충 섭취를 거론한 정책보고서를 검토중이다. FAO는 이미 2008년 태국에서 그 같은 주제를 두고 회의를 소집했고, 2013년 세계회의world congress에서도 이를 논의할 계획이다. 네덜란드 와게닝겐Wageningen 대학에서 곤충을 연구해온 아놀드 반 휘스Arnold van Huis 교수(유엔 백서 작성자)는 곤충을 먹는 것이 여러모로 이롭다고 밝혔다.

외워쓰기

앞으로 단백질은 곤충이 책임진다?

데미안 캐링턴

최근 연구에 따르면, '차근차근 지구를 살리자.'는 슬로건은 육류 소비를 줄이자는 뜻이 아니라고 한다. 묘책은 곤충이나 '기는 녀석'으로 식단을 바꾸는 것. 소나 돼지 및 양과 같은 가축은 지구촌 농가의 3분의 2를 차지하며 지구 온난화의 주범인 온실가스의 20퍼센트를 배출한다. 그 결과, 유엔을 비롯한 여러 선진국은 육류 섭취를 줄이고자 대안을 강구하고 있다.

이에 유엔 식량농 업기구FAO는 곤충 섭취를 거론한 정책보고서를 검토중이다. FAO는 이미 2008년 태국에서 그 같은 주제를 두고 회의를 소집했고, 2013년 세계회의world congress에서도 이를 논의할 계획이다. 네덜란드 와게닝겐Wageningen 대학에서 곤충을 연구해온 아놀드 반 휘스Arnold van Huis 교수(유엔 백서 작성자)는 곤충을 먹는 것이 여러모로 이롭다고 밝혔다.

"There is a meat crisis," he said. "The world population will grow from six billion now to nine billion by 2050 and we know people are consuming more meat. Twenty years ago the average was 20kg, it is now 50kg, and will be 80kg in 20 years. If we continue like this, we will need another Earth."

meat crisis 육류 파동 / consume 섭취하다 / in 20 years 20년 후

베껴쓰기

note: 전치사의 의미에 주의하며 쓴다.

"우리는 현재 육류 파동을 겪고 있으며 2050년께는 세계 인구가 60억에서 90억으로 증가할 것으로 추정됩니다. 그럼 육류 소비량도 크게 늘겠지요. 20년 전에는 평균이 20킬로그램이었다가 지금은 50킬로그램으로 늘었고, 앞으로 20년이 지나면 80킬로그램까지 증가할 것입니다. 추산대로라면 지구가 하나로는 모자랄 것입니다."

Van Huis is an enthusiast for eating insects but given his role as a consultant to the FAO, he can't be dismissed as a crank. "Most of the world already eats insects," he points out. "It is only in the western world that we don't. Psychologically we have a problem with it. I don't know why, as we eat shrimps, which are very comparable."

an enthusiast for ~의 광팬 / crank 괴짜 / point out 지적하다
psychologically 심리적으로

베껴쓰기

note: 명사와 전치사의 짝에 주의하며 베껴 쓴다.

반 휘스 교수는 곤충을 먹어야 한다고 열렬히 주장한다. 그러나 FAO의 컨설턴트라는 직분을 감안한다면 그를 '괴짜(crank)'라고 치부할 수만은 없을 것이다. "세인은 대부분 곤충을 먹습니다. 서방세계만 그러지 않을 뿐입니다. 물론 꺼림칙하다고들 생각하겠지만, 아주 비슷한 새우는 먹으면서 곤충은 혐오스러워한다니 도무지 이해할 수가 없습니다."라고 그는 지적했다.

외워쓰기

"우리는 현재 육류 파동을 겪고 있으며 2050년께는 세계 인구가 60억에서 90억으로 증가할 것으로 추정됩니다. 그럼 육류 소비량도 크게 늘겠지요. 20년 전에는 평균이 20킬로그램이었다가 지금은 50킬로그램으로 늘었고, 앞으로 20년이 지나면 80킬로그램까지 증가할 것입니다. 추산대로라면 지구가 하나로는 모자랄 것입니다."

반 휘스 교수는 곤충을 먹어야 한다고 열렬히 주장한다. 그러나 FAO의 컨설턴트라는 직분을 감안한다면 그를 '괴짜(crank)'라고 치부할 수만은 없을 것이다. "세인은 대부분 곤충을 먹습니다. 서방세계만 그러지 않을 뿐입니다. 물론 꺼림칙하다고들 생각하겠지만, 아주 비슷한 새우는 먹으면서 곤충은 혐오스러워한다니 도무지 이해할 수가 없습니다."라고 그는 지적했다.

New Life, New Duties

Brian Molitor

After months of waiting, your daughter finally arrives. The ride home from the hospital is a mixture of joy and anxiety. You watch the traffic lights a little more carefully today. Precious cargo on board. Soon, you pull into your driveway and gingerly carry your new addition into the house. Exhausted, mother and daughter join together as the baby drinks life-giving milk. You stand by, watching in amazement. Tired. Awestruck. Happy.

precious 귀중한 / cargo 화물 / on board 탑승한 / gingerly 조심스런
exhausted 지친 / in amazement 놀라워하며 / awestruck 경이로운

베껴쓰기

note: 비유적인 표현에 유의하며 베껴 쓴다.

새 생명, 새 의무

브라이언 몰리터

수개월의 기다림 끝에 드디어 딸이 탄생했다. 병원에서 아기를 데려오는 길에 기쁨과 걱정이 교차할 것이다. 오늘은 신호등도 좀더 뚫어지게 쳐다본다. 귀한 '무언가'를 태웠기 때문이다. 이윽고 주차장에 들어선 당신. 새 식구를 조심스레 집안에 들여놓는다. 수유중인 엄마나, 아이도 많이 지친 모습이다. 당신은 아직도 놀라운 듯 곁에 서서 바라만 보고 있다. 피곤하고 두렵기도 하지만 행복하다.

Slowly you begin to realize that from this day forward, life will never be the same. You struggle to believe that in a flash this tiny, helpless bundle will speak her first words and take her first, uncertain steps. This eye-opening blast leads you to realize that all too soon her once unsteady feet will carry her out of your world and into her destiny.

from this day forward 이 날 이후부터 / struggle to ~하느라 안간힘을 쓰다
in a flash 순식간에 / blast 돌풍

베껴쓰기

note: 무생물 주어에 주의하며 베껴 쓴다.

그날 이후 당신은 인생의 변화를 서서히 실감하게 된다. 작디작고 몸도 가눌 줄 모르는 어린 것이 눈 깜짝할 사이에 말문이 트이고 걸음마를 배운다는 것을 믿으려고 애를 쓴다. 이처럼 눈이 휘둥그레질만한 사건은 딸아이의 서툰 발걸음이 언젠가는 당신의 세상을 떠나 자신의 운명을 스스로 개척하리라는 것을 깨닫게 해줄 것이다.

외워쓰기

새 생명, 새 의무

브라이언 몰리터

수개월의 기다림 끝에 드디어 딸이 탄생했다. 병원에서 아기를 데려오는 길에 기쁨과 걱정이 교차할 것이다. 오늘은 신호등도 좀더 뚫어지게 쳐다본다. 귀한 '무언가'를 태웠기 때문이다. 이윽고 주차장에 들어선 당신, 새 식구를 조심스레 집안에 들여놓는다. 수유중인 엄마나, 아이도 많이 지친 모습이다. 당신은 아직도 놀라운 듯 곁에 서서 바라만 보고 있다. 피곤하고 두렵기도 하지만 행복하다.

그날 이후 당신은 인생의 변화를 서서히 실감하게 된다. 작디작고 몸도 가눌 줄 모르는 어린 것이 눈 깜짝할 사이에 말문이 트이고 걸음마를 배운다는 것을 믿으려고 애를 쓴다. 이처럼 눈이 휘둥그레질만한 사건은 딸아이의 서툰 발걸음이 언젠가는 당신의 세상을 떠나 자신의 운명을 스스로 개척하리라는 것을 깨닫게 해줄 것이다.

You retire to the sanctuary of your favorite chair. Your imagination now moves quickly through the endless possibilities for your new daughter's life. What lies ahead for her? Fame? Fortune? Marriage? Heartache? How about grandchildren? Will she be ready?

retire to+N ~에 가다 / bundle 보따리 / unsteady 불안정한

베껴쓰기

note: 시제는 현재를 썼다. 미래가 현재를 대신할 때도 있다.

애지중지하던 의자라는 성소에 가서, 갓 태어난 딸아이의 무한한 가능성을 속히 그려본다. '장차 어떤 일이 펼쳐질까?''명성? 재산? 결혼? 번민? 자녀는? 아이는 각오가 되어 있을까?'

Next come some other questions. Tougher ones. The ones that are all about you. As her father, what role am I supposed to play in her development? Does it really matter what I say and do? Am I ready? Your weary mind calls a halt to the endless stream of questions. You head off to bed, hoping that the answers will be there when you wake up. Mercifully, your eyes close and you drift off to sleep.

play a role in 역할을 하다 / development 발달 / matter 중요하다 / weary 지친
call to a halt 중단하다 / mercifully 다행히 / drift off to sleep 스르륵 잠에 빠진다

베껴쓰기

note: 도치구문에 유의하며 베껴 쓴다.

의문은 여기서 멈추지 않는다. 난이도가 좀더 높은 것은 당신을 두고 고민해야할 그런 문제들이다. '아버지가 된 내가 딸아이를 키우는 데 감당해야 할 역할은 무엇일까? 내 말과 행동에 아이가 정말 달라질까? 나는 아버지가 될 준비가 됐는가?' 머리가 지치자 꼬리에 꼬리를 무는 물음도 멈춘다. 침대에 몸을 눕히며 잠이 깨면 명쾌한 답이 떠오르기를 바란다. 다행히 눈이 감기고 스르륵 잠에 빠진다.

외워쓰기

애지중지하던 의자라는 성소에 가서, 갓 태어난 딸아이의 무한한 가능성을 속히 그려본다. '장차 어떤 일이 펼쳐질까?''명성? 재산? 결혼? 번민? 자녀는? 아이는 각오가 되어 있을까?'

의문은 여기서 멈추지 않는다. 난이도가 좀더 높은 것은 당신을 두고 고민해야할 그런 문제들이다. '아버지가 된 내가 딸아이를 키우는 데 감당해야 할 역할은 무엇일까? 내 말과 행동에 아이가 정말 달라질까? 나는 아버지가 될 준비가 됐는가?' 머리가 지치자 꼬리에 꼬리를 무는 물음도 멈춘다. 침대에 몸을 눕히며 잠이 깨면 명쾌한 답이 떠오르기를 바란다. 다행히 눈이 감기고 스르륵 잠에 빠진다.

I Want to Be in That Number

Arthur Paul Boers

No Place I Would Rather Be?

"What have I done?" I asked myself in despair. It was the lowest point of my pilgrimage so far and the day was soon going to get worse yet. It had taken all my wherewithal to trudge a quarter mile from the hospital emergency room to this park bench, and I did not know how I could go any farther. My left foot throbbed painfully from the bagel-sized blood blister that the ER nurse had just drained and tended.

in despair 실의에 빠진 / pilgrimage 순례 / so far 지금까지 / wherewithal 수단
trudge 터벅터벅 걷다 / blood blister 핏물집 / throb 욱신거리다
ER(the Emergency Room) 응급실 / drain 물을 빼내다 / tend 치료하다

베껴쓰기

note: 글의 수준이 높은 편이니 어휘를 충분히 숙지하고 베껴 쓴다.

나도 그 숫자에 끼고 싶다

아더 폴 보어스

있을 만한 곳이 없다?

'지금까지 뭘 했나?'실의에 빠진 채 자문해보았다. 지금까지의 순례여정 중 그렇게 낙담했던 적이 없었는데 그날은 더욱 심각해질 지경이었다. 온갖 수단을 동원하여 병원 응급실에서 400미터를 걸어 이곳 파크 벤치까지 왔다. 하지만and 앞으로 얼마나 더 갈 수 있을지는 알 수 없었다. 응급실 간호사가 물기를 뽑고 치료해준, 베이글bagel 크기의 핏물집 탓에 왼쪽 발이 욱신거렸다.

Every step ached, even though both my feet were elaborately swathed in white bandages. Having arrived in the city of Burgos, I had been underway for two weeks and walked about 180 miles of my pilgrimage so far. I was in a particularly pretty part of town, near a cosmopolitan university.

ache 아프다 / even though ~에도/~일지라도 / swathe in ~로 감싸다
elaborately 정성스레 / cosmopolitan 국제적인

베껴쓰기

note: 부사의 쓰임새에 주의하며 베껴 쓴다.

발을 내디뎔 때마다 통증이 왔다. 공들여 흰 거즈를 여기저기 붙여놨는데도 말이다. 부르고스(Burgos)에 도착하기까지 2주가 흘러 지금껏 180마일의 순례길을 걸어왔다. 나는, 근방에 세계 유수의 대학이 있는 아주 멋진 도시에 있었다.

외워쓰기

나도 그 숫자에 끼고 싶다

아더 폴 보어스

있을 만한 곳이 없다?

'지금까지 뭘 했나?'실의에 빠진 채 자문해보았다. 지금까지의 순례여정 중 그렇게 낙담했던 적이 없었는데 그날은 더욱 심각해질 지경이었다. 온갖 수단을 동원하여 병원 응급실에서 400미터를 걸어 이곳 파크 벤치까지 왔다. 하지만and 앞으로 얼마나 더 갈 수 있을지는 알 수 없었다. 응급실 간호사가 물기를 뽑고 치료해준, 베이글bagel 크기의 핏물집 탓에 왼쪽 발이 욱신거렸다.

발을 내디딜 때마다 통증이 왔다. 공들여 흰 거즈를 여기저기 붙여놨는데도 말이다. 부르고스(Burgos)에 도착하기까지 2주가 흘러 지금껏 180마일의 순례길을 걸어왔다. 나는, 근방에 세계 유수의 대학이 있는 아주 멋진 도시에 있었다.

A shallow river glided slowly under arched stone bridges. Mature, fully leaved trees on a wide boulevard leaned over the riverbanks, reflecting the vibrancy of summer. But I was hurting too much to savor scenery and I was fretting about whether I would have to cut my trip short. People of all ages strolled by, looking a lot healthier and happier than I. I watched them and longed for company, but they ignored me.

glided 미끄러지다 / fully leaved 잎이 무성한 / vibrancy 생동감 / savor 만끽하다
fret about ~을 두고 초조해하다 / cut ~ short 무엇을 단축하다 / stroll by 주변을 돌아다니다
long for 몹시 바라다 / ignore 무시하다

베껴쓰기

note: 분사구문을 잘 관찰하며 쓴다.

아치형의 돌다리 밑에 얕은 강이 호젓하게 흘렀다. 넓은 대로에는 다 자라 잎이 무성한 나무들이 강둑 위로 기울어져 여름철의 생동감을 잘 드러내고 있었다. 하지만 통증이 너무 심해 경치를 제대로 감상할 수 없었을 뿐 아니라, 여정을 단축해야할 것 같아 속이 탔다. 나이를 불문하고, 순례길에 오른 사람들은 나보다 훨씬 건강하고 기분도 좋아보였다. 그들을 물끄러미 바라보며 일행이 되기를 간절히 바랐으나, 그들은 나를 외면해버렸다.

I had just phoned home to my wife, Lorna, in the United States a few minutes before, and she had given me good words of consolation and encouragement, but now I was by myself again. On the sidewalk I had tried hailing taxis — by calling, gesturing and whistling — but each one whizzed by.

consolation 위로 / encouragement 격려 / sidewalk 보도
hail taxi 손을 흔들어 택시를 잡다 / whiz by 휑하고 지나가다

베껴쓰기

note: 과거와 과거분사의 쓰임새를 관찰하며 베껴 쓴다.

몇 분전 미국에 있는 아내 로나Lorna에게 전화를 걸었다. 아내는 위로와 격려를 아끼지 않았으나 지금은 나 혼자였다. 보도에서 택시를 잡아타려고 손을 흔들었으나(큰소리로 불러대고 손짓, 발짓하며 휘파람까지 불어댔는데도) 매번 휑하니 지나가버렸다.

외워쓰기

아치형의 돌다리 밑에 얕은 강이 호젓하게 흘렀다. 넓은 대로에는 다 자라 잎이 무성한 나무들이 강둑 위로 기울어져 여름철의 생동감을 잘 드러내고 있었다. 하지만 통증이 너무 심해 경치를 제대로 감상할 수 없었을 뿐 아니라, 여정을 단축해야할 것 같아 속이 탔다. 나이를 불문하고, 순례길에 오른 사람들은 나보다 훨씬 건강하고 기분도 좋아보였다. 그들을 물끄러미 바라보며 일행이 되기를 간절히 바랐으나, 그들은 나를 외면해버렸다.

몇 분전 미국에 있는 아내 로나Lorna에게 전화를 걸었다. 아내는 위로와 격려를 아끼지 않았으나 지금은 나 혼자였다. 보도에서 택시를 잡아타려고 손을 흔들었으나 (큰소리로 불러대고 손짓, 발짓하며 휘파람까지 불어댔는데도) 매번 휑하니 지나가 버렸다.

Why Foreign Aid?

Carol Lancaster

Aid is such a familiar and expected element in those relations today that it is often hard to recall just how truly new it is. At the end of the Second World War, foreign aid as we know it today did not exist. There had been a few temporary programs of humanitarian relief in the nineteenth and first half of the twentieth centuries.

recall 떠올리다 / temporary 임시의 / humanitarian relief 인도적 구호활동

베껴쓰기

note: 명사절의 쓰임(의문사+주어+동사)에 주의하며 베껴 쓴다.

왜 해외원조인가?

캐럴 랭커스터

대외원조는 오늘날 국가가 인연을 맺는 가운데 흔히 있는 데다 충분히 예상할 수 있는 것이니 얼마나 새로운 개념인지 떠올리기란 어려울 때가 종종 있다. 제2차 세계대전이 막을 내릴 때까지도 현재 우리가 알고 있는 대외원조는 존재하지 않았다. 사실 19세기부터 20세기 중반까지 임시 구호 프로그램이 몇 차례 가동되긴 했다.

But the gift of public resources from one government to another (or to an international organization or nongovernmental organization), sizable and sustained over time, an important purpose of which was to help improve the human condition in countries receiving the aid, was unheard of in policy circles or by the public.

public resources 공적재원 / nongovernmental 비정부의 / sizable 막대한
sustained 지속적인 / human condition 인간의 형편 / be unheard of 들어본 적이 없는

베껴쓰기

note: 전치사 + 관계대명사를 면밀히 관찰한다.

그러나 한 국가가 지원을 받는 다른 국가(국제기구나 비정부 기구)의 형편을 개선시키는 데 조금이나마 보탬이 되기 위해 막대한 재원을 지속적으로 베푼다는 것은 정치계나 일반인 모두 듣도 보도 못한 일이었다.

외워쓰기

왜 해외원조인가?

캐럴 랭커스터

대외원조는 오늘날 국가가 인연을 맺는 가운데 흔히 있는 데다 충분히 예상할 수 있는 것이니 얼마나 새로운 개념인지 떠올리기란 어려울 때가 종종 있다. 제2차 세계대전이 막을 내릴 때까지도 현재 우리가 알고 있는 대외원조는 존재하지 않았다. 사실 19세기부터 20세기 중반까지 임시 구호 프로그램이 몇 차례 가동되긴 했다.

그러나 한 국가가 지원을 받는 다른 국가(국제기구나 비정부 기구)의 형편을 개선시키는 데 조금이나마 보탬이 되기 위해 막대한 재원을 지속적으로 베푼다는 것은 정치계나 일반인 모두 듣도 보도 못한 일이었다.

Today, in many of the world's poorer countries, activities funded with aid from foreign governments and international organizations are widespread and familiar. They include billion-dollar reconstruction projects in war-torn countries like Iraq and Afghanistan and micro-enterprise loans of $50 or less to impoverished women in Bangladesh and El Salvador.

war-torn 전쟁으로 폐허가 된 / micro-enterprise 극소기업 / loans 융자금
impoverished 피폐한

베껴쓰기

note: 하이픈(-)을 이용한 합성어에 주의하며 베껴 쓴다.

오늘날, 후진국에서는 해외 정부와 국제기구가 자금을 지원하는 구호 활동이 널리 확산되어 이젠 낯설지도 않다. 예컨대, 이라크와 아프가니스탄 등 전쟁으로 폐허가 된 나라에는 재건 프로젝트에 수십억 달러를 조달하고, 방글라데시와 엘살바도르의 피폐한 여성에게는 50달러 내의 극소기업micro-enterprise 융자금을 지급하고 있다.

They comprise international research to find more productive crops and less polluting energy sources, scholarships for PhD economists in world-class universities, and the expansion of education in rural Uganda. Aid supports girls' education in Peru, and it helps finance the budget of the Ministry of Education in Ghana. Children in Guatemala, Indonesia, and Ethiopia and in numerous other countries are inoculated with aid-funded vaccines.

comprise ~으로 구성되다 / world-class 세계 유수의 / expansion 확대 / finance 자금을 융통하다
numerous 수많은 / inoculate 예방접종하다 / the Ministry of Education 교육부

베껴쓰기

note: 고유명사에 주의하며 베껴 쓴다.

생산성이 더 뛰어난 작물과 저공해 에너지원을 찾아내기 위한 국제연구를 비롯하여, 세계 유수 대학의 경제학 박사 장학금과 우간다의 지방 교육 기관, 페루의 여아 교육비, 가나의 교육부 예산에도 구호 자금이 조달되고 있다. 아울러 과테말라와 인도네시아, 에티오피아 등 여러 국가의 아이들은 구호 자금 덕분에 백신을 접종할 수 있게 되었다.

외워쓰기

오늘날, 후진국에서는 해외 정부와 국제기구가 자금을 지원하는 구호 활동이 널리 확산되어 이젠 낯설지도 않다. 예컨대, 이라크와 아프가니스탄 등 전쟁으로 폐허가 된 나라에는 재건 프로젝트에 수십억 달러를 조달하고, 방글라데시와 엘살바도르의 피폐한 여성에게는 50달러 내의 극소기업micro-enterprise 융자금을 지급하고 있다.

생산성이 더 뛰어난 작물과 저공해 에너지원을 찾아내기 위한 국제연구를 비롯하여, 세계 유수 대학의 경제학 박사 장학금과 우간다의 지방 교육 기관, 페루의 여아 교육비, 가나의 교육부 예산에도 구호 자금이 조달되고 있다. 아울러 과테말라와 인도네시아, 에티오피아 등 여러 국가의 아이들은 구호 자금 덕분에 백신을 접종할 수 있게 되었다.

Couples in Lain America, Asia, and Africa use family planning services subsidized with aid. Aid pays for HIV/AIDS research and prevention and is beginning to finance the distribution of life-saving antiretrovirals. It funds economic reforms in Malawi, debt relief in Mozambique, and enterprise development in Russia.

subsidized 보조금이 지급된 / prevention 예방 / antiretroviral 항레트로바이러스제
debt relief 부채감면

베껴쓰기

note: 경제관련 용어에 주의하며 베껴 쓴다.

남미와 아시아 아프리카에서는 부부들이, 해외원조로 실시되는 가족계획 서비스를 이용한다. 이밖에도 후천성면역결핍증HIV/AIDS 연구 및 예방과 항레트로바이러스제 배급뿐 아니라, 말라위의 경제개혁과 모잠비크의 부채감면, 러시아의 기업 개발에도 원조기금이 조달되고 있다.

Political party and media training, elections, judicial reform, and civil society development are supported in numerous countries in Africa, Asia, and Latin America with foreign aid, as is humanitarian relief for natural and man-made disasters throughout the world.

political party 정당 / judicial reform 사법개혁 / man-made disaster 인재
debt relief 부채감면

베껴쓰기

note: "as+동사+주어"의 도치 구문을 충분히 연습한다.

아프리카와 아시아, 남미 등의 수많은 국가의 정당과 언론 교육, 선거, 사법개혁 및 문명사회 개발에도 인재나 천재지변이 발생했을 때 가동되는 구호활동처럼 지원되고 있다.

외워쓰기

남미와 아시아 아프리카에서는 부부들이, 해외원조로 실시되는 가족계획 서비스를 이용한다. 이밖에도 후천성면역결핍증HIV/AIDS 연구 및 예방과 항레트로바이러스제 배급뿐 아니라, 말라위의 경제개혁과 모잠비크의 부채감면, 러시아의 기업 개발에도 원조기금이 조달되고 있다.

아프리카와 아시아, 남미 등의 수많은 국가의 정당과 언론 교육, 선거, 사법개혁 및 문명사회 개발에도 인재나 천재지변이 발생했을 때 가동되는 구호활동처럼 지원되고 있다.

The number of organizations and countries involved in providing foreign aid is also large. Several dozen international organizations, like the World Bank, the Asian, African, and Inter-America Development Banks, and the United Nations Development Program(UNDP), plus approximately thirty governments have significant programs of foreign aid, including all the rich countries of North America, Western Europe, and Japan as well as oil-producing countries in the Middle East and 'middle-income' development countries, like Korea, Thailand, and Turkey.

involved in ~에 참여한 / middle-income 중산층의 / plus 게다가
approximately 대략 / significant 중요한

베껴쓰기

note: 고유명사에 주의하며 베껴 쓴다.

대외원조에 관계된 국가와 조직의 수효도 상당히 많다. 이를테면, 세계은행과 아시아, 아프리카, 미주 개발은행, 유엔개발계획(UNDP) 같은 국제기구도 수십 개나 되고, 북아메리카와 서유럽의 선진국들과 일본, 중동 산유국 그리고 개발도상국인 한국과 타이, 터키 등 30여 개 국가도 대형 국제원조 프로그램을 갖고 있다.

Former socialist bloc countries in Eastern Europe are setting up new aid programs, and even relatively poor countries, like India and China, provide aid to other poor countries. And in at least one case, a rich country — the United States — has aided another rich country — the UK (to promote peace in Northern Ireland). Total aid worldwide in 2004 amounted to just over $100 billion. And if we tally up all the public aid provided by governments to other governments, international organizations, and nongovernmental organizations(NGOs) between 1960 and 2004, the total amount exceeds $1.6 trillion.

former socialist bloc 전 사회주의 블록 / set up 설치하다 / relatively 비교적 / aid 지원하다
worldwide 전 세계에서 / amount to 액수가 ~이다 / tally up 총액을 계산하다 / exceed ~을 웃돈다

베껴쓰기

note: 사례를 나타내는 기호나 어구에 관심을 두고 관찰한다.

동유럽의 구(舊)사회주의 국가들 역시 구호 프로그램을 갖췄으며 중국과 인도 등 비교적 '배고픈'나라들도 좀더 허기진 나라에 자금을 지원하고 있다. 뿐만 아니라 선진국끼리 구호 활동을 벌이는 이례적인 경우도 있다. 이를테면 북아일랜드의 평화를 증진하기 위해 미국이 영국에 원조하고 있다. 2004년에 집계된 구호 자금은 1,000억 달러에 달하며, 1960년부터 2004년까지 각국이 타 정부와 국제기구, 비정부기구에 투입한 공공 지원금은 총 1조 6,000억 달러를 웃도는 것으로 나타났다.

외워쓰기

대외원조에 관계된 국가와 조직의 수효도 상당히 많다. 이를테면, 세계은행과 아시아, 아프리카, 미주 개발은행, 유엔개발계획(UNDP) 같은 국제기구도 수십 개나 되고, 북아메리카와 서유럽의 선진국들과 일본, 중동 산유국 그리고 개발도상국인 한국과 타이, 터키 등 30여 개 국가도 대형 국제원조 프로그램을 갖고 있다.

동유럽의 구(舊)사회주의 국가들 역시 구호 프로그램을 갖췄으며 중국과 인도 등 비교적 '배고픈'나라들도 좀더 허기진 나라에 자금을 지원하고 있다. 뿐만 아니라 선진국끼리 구호 활동을 벌이는 이례적인 경우도 있다. 이를테면 북아일랜드의 평화를 증진하기 위해 미국이 영국에 원조하고 있다. 2004년에 집계된 구호 자금은 1,000억 달러에 달하며, 1960년부터 2004년까지 각국이 타 정부와 국제기구, 비정부기구에 투입한 공공 지원금은 총 1조 6,000억 달러를 웃도는 것으로 나타났다.

Keynote Address: The Connectors

Larry King

I have made a career of asking questions, but today I would ask questions of myself. The first question I would ask is, "Would this be really the first time I was in Korea?" Yes, it is the first time, but it could have been the second time. I was drafted into the US Navy in 1951 and that was, of course, at the height of the Korean War. I went to the induction ceremony and I was scheduled to be sworn into the navy but I failed my eye test, and they told me to go home.

career 일, 업무 / draft 징집하다 / Navy 해군 / at the height of ~가 한창 때인
induction ceremony 입대식 / be sworn into 신고하고 ~에 들어가다

베껴쓰기

note: 수동태(be + pp)에 주의하며 옮겨 쓴다.

기초연설: 연결자들

래리 킹

남에게 묻는 것이 내 일이었는데 오늘은 내 자신에게 물어야겠다. "이번이 첫 방한인가?"가 첫 번째 물음이다. 그렇다. 처음이 맞지만 두 번째가 될 수도 있었다. 6/25 전이 한창이던, 1951년 해군에 징집되었는데, 입대행사에 참석한 나는 신고를 앞두고 시력검사에서 그만 낙방하고 말았다. 그래서 당국은 나를 집으로 돌려보냈다.

"Does it surprise you that your life took place during so many dangerous times in human history?"

I can't believe what I have lived through. I was born in 1933, which was at the height of the Great Depression in the United States. In the years since, I have shaken hands with ten men who had the power to destroy the world. I have interviewed US presidents Richard Nixon, Gerald Ford, Jimmy Carter, Ronald Reagan, George Bush, Bill Clinton, and Barack Obama. I have also interviewed the last Soviet leader Mikhail Gorbachev and Russian leader Vladimir Putin, as well as various heads of state from France, the UK and elsewhere. They all had the ability to start a nuclear holocaust.

life take place 살다 / live through 극복하며 살다 / the Great Depression 대공황
shake hands with ~와 악수하다 / head 정상 / nuclear holocaust 핵공격

베껴쓰기

note: 인물 이름의 철자를 잘 파악해둔다.

"인류 역사상 위험한 시기가 많을 때 살았다는 것이 놀랍지 않은가?"
지금껏 몸소 체험한 사건을 돌이켜보면 그저 놀라울 따름이다. 1933년, 경제 대공황이 절정에 달했을 때 내가 태어났고, 그 이후에는 전 세계를 뒤엎을 위력을 가진 10명의 유력인사와 악수를 청했다. 인터뷰를 청한 역대 대통령으로는 리처드 닉슨과 제럴드 포드, 지미 카터, 로널드 레이건, 조지 부시, 빌 클린턴 및 버락 오바마 대통령이 있으며, 최후의 소련 지도자인 미하엘 고르바초프와 블라디미르 푸틴을 비롯하여 프랑스와 영국 등의 정상과도 이야기를 나눈 바 있다. 모두가 핵무기로 홀로코스트를 일으킬 능력이 있었다.

"How do you think talk shows will change in the future as a result of SNS?"

Talk shows will always be about one person talking to another person. I don't think the talk will ever change. We are never going to have a robot talk show host. And we are not going to have electronic talk shows. We will have Twitter and Facebook, but we will still need people talking to people. I don't think that the talk show we know will change.

electronic 전자의 / change 달라지다 / host 진행자

베껴쓰기

note: 구어체라는 점을 염두에 두고 베껴 쓴다.

"SNS(소셜 네트워킹)이 대담 프로그램을 어떻게 바꿔놓을까?"
1대 1 대담 방식은 바뀌지 않을 것이다. 토크쇼가 달라지리라고는 생각지 않는다. 로봇의 토크쇼나 전자식 대담 프로그램은 없을 것이다. 물론 트위터나 페이스북은 자주 활용하겠지만, 대담을 이끄는 사람은 계속 필요하게 마련이다. 우리가 아는 토크쇼가 달라질 거라고는 생각하지 않는다.

외워쓰기

기조연설: 연결자들

래리 킹

남에게 묻는 것이 내 일이었는데 오늘은 내 자신에게 물어야겠다. "이번이 첫 방한인가?"가 첫 번째 물음이다. 그렇다, 처음이 맞지만 두 번째가 될 수도 있었다. 6/25 전이 한창이던, 1951년 해군에 징집되었는데, 입대행사에 참석한 나는 신고를 앞두고 시력검사에서 그만 낙방하고 말았다. 그래서 당국은 나를 집으로 돌려보냈다.

"인류 역사상 위험한 시기가 많을 때 살았다는 것이 놀랍지 않은가?"
지금껏 몸소 체험한 사건을 돌이켜보면 그저 놀라울 따름이다. 1933년, 경제 대공황이 절정에 달했을 때 내가 태어났고, 그 이후에는 전 세계를 뒤엎을 위력을 가진 10명의 유력인사와 악수를 청했다. 인터뷰를 청한 역대 대통령으로는 리처드 닉슨과 제럴드 포드, 지미 카터, 로널드 레이건, 조지 부시, 빌 클린턴 및 버락 오바마 대통령이 있으며, 최후의 소련 지도자인 미하엘 고르바초프와 블라디미르 푸틴을 비롯하여 프랑스와 영국 등의 정상과도 이야기를 나눈 바 있다. 모두가 핵무기로 홀로코스트를 일으킬 능력이 있었다.

"SNS(소셜 네트워킹)이 대담 프로그램을 어떻게 바꿔놓을까?"
1대 1 대담 방식은 바뀌지 않을 것이다. 토크쇼가 달라지리라고는 생각지 않는다. 로봇의 토크쇼나 전자식 대담 프로그램은 없을 것이다. 물론 트위터나 페이스북은 자주 활용하겠지만, 대담을 이끄는 사람은 계속 필요하게 마련이다. 우리가 아는 토크쇼가 달라질 거라고는 생각하지 않는다.

The Future of the 3D Experience

James Cameron

But how applicable is the 3D experience to drama and comedy? This is a big question for TV entertainment. I've done enough normal dramatic scenes, in <Avatar>, to know that 3D definitely gives them more power. It makes the viewer feel more present, which increases the emotional impact. So I'm going to say right now that a drama will have value added by being in 3D, even without all the effects and all the CG.

applicable 적용할 수 있는 / TV entertainment TV 연예사업 / present 현장의viewer 관객
impact 영향력 / have value added 부가가치를 창출하다 / effect (특수)효과 / CG 컴퓨터 그래픽

베껴쓰기

note: 다양한 시제를 눈여겨보며 옮겨 쓴다.

3D의 미래

제임스 캐머런

과연 그것이 드라마와 코미디 장르에서도 통할까? 텔레비전 연예/오락 분야에서 꼭 짚어봐야 할 문제이다. 〈아바타〉제작 당시 나는 드라마틱한 장면을 연출하면서 3D라면 점수는 일단 '따 놓은 당상'이라고 믿었다. 관객에게 좀더 생생한 현장감을 만끽하게 하여 감성적인 효과를 증가시킬 테니까. 따라서 지금 말하건대, 드라마 역시 별도의 특수효과나 그래픽을 쓰지 않더라도 3D로 제작함으로써 부가가치를 창출할 수 있으리라 생각한다.

Comedy is still an unknown, but here's what I know for sure: every single thing that I've seen in 3D, from underwater documentaries, natural history subjects, sports, concerts, and movies has gained from it. But creating only good 3D will be critical to grow the market. Bad experiences will make audiences feel ripped off and wary of spending the actual price next time.

unknown 알려지지 않은 것 / for sure 확실히 / underwater 수중 / gain 득을 얻다
critical 매우 중요하다 / grow 키우다 / ripped off 바가지를 쓰다 / wary 경계하다

베껴쓰기

note: 주어와 동사의 호응에 신경을 쓰며 베껴 쓴다.

코미디는 잘 모르겠지만 한 가지 분명한 사실은 심해 다큐멘터리를 비롯하여 자연사든, 스포츠든, 콘서트든, 영화든 3D로 찍어서 손해를 보진 않았다는 것이다. 다만 품질이 좋은 3D 영상을 제작해야만 시장을 키울 수 있겠다. 품질이 해결되지 않는다면 관객은 바가지를 썼다고 느껴 다음에는 그 돈을 쓰지 않도록 조심할 것이다.

외워쓰기

3D의 미래

제임스 캐머런

과연 그것이 드라마와 코미디 장르에서도 통할까? 텔레비전 연예/오락 분야에서 꼭 짚어봐야 할 문제이다. 〈아바타〉제작 당시 나는 드라마틱한 장면을 연출하면서 3D라면 점수는 일단 '따 놓은 당상'이라고 믿었다. 관객에게 좀더 생생한 현장감을 만끽하게 하여 감성적인 효과를 증가시킬 테니까. 따라서 지금 말하건대, 드라마 역시 별도의 특수효과나 그래픽을 쓰지 않더라도 3D로 제작함으로써 부가가치를 창출할 수 있으리라 생각한다.

코미디는 잘 모르겠지만 한 가지 분명한 사실은 심해 다큐멘터리를 비롯하여 자연사든, 스포츠든, 콘서트든, 영화든 3D로 찍어서 손해를 보진 않았다는 것이다. 다만 품질이 좋은 3D 영상을 제작해야만 시장을 키울 수 있겠다. 품질이 해결되지 않는다면 관객은 바가지를 썼다고 느껴 다음에는 그 돈을 쓰지 않도록 조심할 것이다.

They are being asked to pay a higher price for a premium experience, so quality has to always be high. From the cameras, through post production, over the delivery network to the final screen, quality needs to be maintained. Stupid decisions, like trying to convert Clash of the Titans from 2D to 3D in just 8 weeks, will produce bad 3D that will hurt this new market.

premium 프리미엄 / quality 품질 / delivery network 배급망 / post production 후반작업
maintain 유지하다 / convert 변환하다

베껴쓰기

note: 수동진행형을 충분히 연습하라.

'프리미엄premium'이라는 이유로 거금을 들여야 하는 만큼 그에 걸맞게 '품질'도 탁월해야 한다. 카메라에서 후반작업을 거쳐 배급망을 통해 최종 스크린에 오기까지 품질을 유지해야 한다. 8주 만에 〈타이탄Clash of the Titans 2D〉를 3D로 제작하려는 어리석은 처사는 저질 3D를 양산하여 신흥시장을 멍들게 할 것이다.

Success and Soul Growth

Newton N. Riddell

If success includes material prosperity, soul growth, and service to others, there must be some way devised to attain all of these at the same time. There is a very generally accepted idea that if one gives themselves fully to their vocation and succeed in material things, they must neglect the spiritual. This idea is fundamentally wrong. The activities necessary for material prosperity, if prompted by unselfish motives instead of being restrictive to moral and spiritual growth, are conducive to such growth.

prosperity 번영 / devise 궁리하다 / attain 달성하다 / vocation 직업 / fundamentally 근본적으로
prompt 즉시 행하다 / A(원인) be conducive to B(결과) A가 B에 도움이 되다

베껴쓰기

note: 조동사의 쓰임에 주의하며 베껴 쓴다.

성공과 영혼의 성숙

뉴턴 N. 리델

'성공(success)'이 풍성한 물질과 성숙한 영성 및 섬김을 두고 하는 말이라면 이 셋을 동시에 성취할 수 있는 비결은 분명히 존재할 것이다. 그러므로 '식상 일에 선념하면 수입은 짭짤할지 모르나 영적인 삶은 헤이해질 것'이라는 통념은 애딩초 틀린 생각이다. 사실, 도덕성과 영성에 국한되지 않는, 이타적인 동기가 작용한다면 물질적인 풍요에 필요한 활동도 그런 성숙에 보탬이 될 수 있다.

외워쓰기

'프리미엄premium'이라는 이유로 거금을 들여야 하는 만큼 그에 걸맞게 '품질'도 탁월해야 한다. 카메라에서 후반작업을 거쳐 배급망을 통해 최종 스크린에 오기까지 품질을 유지해야 한다. 8주 만에 〈타이탄Clash of the Titans 2D〉를 3D로 제작하려는 어리석은 처사는 저질 3D를 양산하여 신흥시장을 멍들게 할 것이다.

성공과 영혼의 성숙

뉴턴 N. 리델

'성공(success)'이 풍성한 물질과 성숙한 영성 및 섬김을 두고 하는 말이라면 이 셋을 동시에 성취할 수 있는 비결은 분명히 존재할 것이다. 그러므로 '직장 일에 전념하면 수입은 짭짤할지 모르나 영적인 삶은 헤이해질 것'이라는 통념은 애당초 틀린 생각이다. 사실, 도덕성과 영성에 국한되지 않는, 이타적인 동기가 작용한다면 물질적인 풍요에 필요한 활동도 그런 성숙에 보탬이 될 수 있다.

The fact that most people who give themselves wholly to their work become so engrossed in it that they fail in moral and spiritual attainment, is no proof whatsoever that such a result is necessary. It is all a question of motive. The effects of any act are determined largely by the motive that prompts it and the mental and emotional states that are obtained during the activity.

be engrossed in ~에 몰입하다 / spiritual attainment 영적인 성취감
whatsoever 어떻든 간에(whatever의 강조형) / state 상태

베껴쓰기

note: 주어와 동사의 호응에 신경을 쓰며 베껴 쓴다.

일에 몰두하는 사람들이 그러는 까닭에 대부분 윤리의식이 없다거나 영성도 기대할 수 없다는 사실을 두고 그런 결과가 필연적이라는 증거는 없다. 그것은 (결국) '동기motive'의 문제이다. 어떤 행동이든 결과는 그와 정신 및 감정을 일으키는 동기가 결정한다.

If we act from selfish motives, every such activity, no matter how noble its purpose or worthy its end, will inhibit soul growth and tend to narrow and contract the life; whereas, if we act from selfless love, no matter how simple or menial the act, it is conducive to moral and spiritual attainment.

inhibit 방해하다 / contract 단축시키다 / whereas 반면 / menial 하찮은

베껴쓰기

note: 삽입구가 주어의 흐름을 끊을 수 있으니 각별히 주의하자.

(따라서) 동기가 이기적이면 목적이 고상하거나 가치가 있어도 영혼의 성숙을 방해하고 인생은 더욱 협소해지고 옹색해지나. 조건을 따지지 않는 사랑으로 행동한다면 소소하고 천박해 보이는 행동도 도덕과 영성에 밑거름이 될 것이다.

외워쓰기

일에 몰두하는 사람들이 그러는 까닭에 대부분 윤리의식이 없다거나 영성도 기대할 수 없다는 사실을 두고 그런 결과가 필연적이라는 증거는 없다. 그것은 (결국) '동기motive'의 문제이다. 어떤 행동이든 결과는 그와 정신 및 감정을 일으키는 동기가 결정한다.

(따라서) 동기가 이기적이면 목적이 고상하거나 가치가 있어도 영혼의 성숙을 방해하고 인생은 더욱 협소해지고 옹색해지나, 조건을 따지지 않는 사랑으로 행동한다면 소소하고 천박해 보이는 행동도 도덕과 영성에 밑거름이 될 것이다.

Core Beliefs

Scot Anderson

I love the stories my dad tell me. Occasionally he points at something and tells me that he actually invented it. He invented snowboarding. In the fifties, he and his buddies got a piece of wood and sanded it down. Then they took it to the hills. They called it snowsurfing. I think that if my dad had acted on it at the time, when God gave him that idea, our family would have billions and billions of dollars from that one idea.

occasionally 때때로 / point at ~을 (손가락으로) 가리키다 / buddy 친구
sand it down 사포로 다듬다 / take A to B A를 B로 데려가다 / at the time 당시

베껴쓰기

note: 대명사가 무엇을 지칭하는지 파악하며 옮겨 쓴다.

알짜믿음

스코트 앤더슨

아버지께 듣던 이야기를 생각하면 기분이 좋아진다. 때때로 어떤 것을 가리키시면서 "저걸 만든 원조는 바로 나"라고 말씀하셨다. 예컨대, 스노보딩(snowboarding)도 아버지의 작품이었다고 들었다. 1950년대, 친구들과 함께 합판에 사포질을 하시고는 그걸 가져다가 언덕 위로 올라가셨다. 당시에는 이를'스노서핑(snowsurfing)'이라 불렀다고 한다. 이처럼 하나님이 기발한 아이디어를 주셨을 때, 이를 십분 활용했다면 우리 가족은 아마 수십억 달러를 챙겼을 것이다.

In the early nineties, I had something that came up inside of me, right about the time that the Internet was getting popular. I was very involved in buying and selling cars. So I thought, what if I went to the dealerships and, for a little fee, I had them sign up to have pictures of their cars online where people could print out a list instead of driving from dealer to dealer?

come up 떠오르다 / be involved in ~에 몰두하다 / dealership 중개상
pull something up 무엇을 올리다 / instead of ~하지 않고

베껴쓰기

note: 언제 삽입구(절)를 쓰는지 관찰하며 옮겨 쓴다.

90년대 초, 인터넷이 널리 보급될 무렵 이런 생각이 문득 떠올랐다. 필자는 자동차를 사고파는 일에 굉장히 관심이 많았다. 그래서 중개인을 찾아 약간의 수수료를 내고 보유차량의 사진을 인터넷에 등록시키면, 사람들이 판매차량 목록을 직접 출력할 수 있게 하는 것이다. 그러면 일일이 중개인을 찾아다니며 다리품을 팔 필요가 없어질 것 아니겠는가?

외워쓰기

알짜믿음

스코트 앤더슨

아버지께 듣던 이야기를 생각하면 기분이 좋아진다. 때때로 어떤 것을 가리키시면서 “저걸 만든 원조는 바로 나”라고 말씀하셨다. 예컨대, 스노보딩(snowboarding)도 아버지의 작품이었다고 들었다. 1950년대, 친구들과 함께 합판에 사포질을 하시고는 그걸 가져다가 언덕 위로 올라가셨다. 당시에는 이를‘스노서핑(snowsurfing)’이라 불렀다고 한다. 이처럼 하나님이 기발한 아이디어를 주셨을 때, 이를 십분 활용했다면 우리 가족은 아마 수십억 달러를 챙겼을 것이다.

90년대 초, 인터넷이 널리 보급될 무렵 이런 생각이 문득 떠올랐다. 필자는 자동차를 사고파는 일에 굉장히 관심이 많았다. 그래서 중개인을 찾아 약간의 수수료를 내고 보유차량의 사진을 인터넷에 등록시키면, 사람들이 판매차량 목록을 직접 출력할 수 있게 하는 것이다. 그러면 일일이 중개인을 찾아다니며 다리품을 팔 필요가 없어질 것 아니겠는가?

I actually started talking to people about putting this concept together but I was not sure if it would work. Today the AutoTrader has nearly three million cars at any given time signed up. At $75 a car, that is a lot of money. That was an idea given to me by God. But what was inside of me was not ready for something that big. I was never able to step out and put my nets into the water and reap the abundance God had for me. Of course, today, AutoTrader just keeps getting bigger.

putting something together 무엇을 추진하다 / concept 콘셉트 / at anygiven time 언제든
that big 그렇게 큰(that은 강조 부사) / reap 수확하다 / abundance 풍성한 것
keep doing 계속 ~하다

베껴쓰기

note: 주어와 동사(서술어)의 호응에 관심을 두고 옮겨 쓴다.

이 콘셉트를 의논하기 위해 여러 사람들과 이야기를 나누어봤지만 과연 효과가 있을지 확신이 서지는 않았다. 오늘날 오토 트레이더 AutoTrader의 일정기간 등록 차량은 300만 대에 달한다. 한 대당 수수료가 75달러면 엄청나게 큰돈이 모일 것이다. 사실 그건 하나님이 내게 주셨던 아이디어였다. 건수를 크게 올릴 마음의 준비가 되지 않았다면 강물에 그물을 던져도 하나님이 예비하신 풍성한 수확은 거둘 수 없는 것이다. 물론 오늘날 오토 트레이더의 규모는 여전히 커지고 있다.

September 11, 2001

William Engdahl

The call by Deputy Defense Secretary Wolfowitz, Donald Rumsfeld and others immediately after September 11, 2001 to launch a military assault on Iraq, rather than go after the alleged mastermind, Osama bin Laden, led many astute investigators to ask whether the attacks of September 11, 2001 were in fact the "new Pearl Harbor" the authors of the PNAC report had been praying for.

launch a military assault on ~에 군사공격을 감행하다
alleged ~ 라고 알려진(근거가 확실하지 않아 조심스럽게 말한다는 뉘앙스)
astute 예리한 / investigator 수사관
Pearl Harbor 진주만(미국 해군기지와 태평양 함대 본부가 주둔하고 있다. 1941년 12월 7일 일본 공군이 이곳을 기습하여 미국 함대가 일시적인 타격을 입었고, 그 결과 미국이 제2차 세계대전에 참전하게 되었다)
PNAC(The Project for the New American Century) 미국의 100년 프로젝트
mastermind 배후 조종인물

베껴쓰기

note: by는 주어를 표시할 때 쓰인다.

2001년 9월 11일

윌리엄 엥달

2001년 9월 11일 사태 직후, 울포위츠 차관과 도널드 럼스펠드 장관 등, 국방부 고위 관계자들은 배후인물로 추정되는 오사마 빈라덴을 추적하기는커녕 되레 이라크를 공격하자며 목소리를 높였다. 이에 눈치 빠른 수사관 다수는 PNAC 보고서의 작자들이 기도해온 '신 진주만 습격'이 9/11 테러였는지 물었다.

외워쓰기

이 콘셉트를 의논하기 위해 여러 사람들과 이야기를 나누어봤지만 과연 효과가 있을지 확신이 서지는 않았다. 오늘날 오토 트레이더AutoTrader의 일정기간 등록 차량은 300만 대에 달한다. 한 대당 수수료가 75달러면 엄청나게 큰돈이 모일 것이다. 사실 그건 하나님이 내게 주셨던 아이디어였다. 건수를 크게 올릴 마음의 준비가 되지 않았다면 강물에 그물을 던져도 하나님이 예비하신 풍성한 수확은 거둘 수 없는 것이다. 물론 오늘날 오토 트레이더의 규모는 여전히 커지고 있다.

2001년 9월 11일

윌리엄 엥달

2001년 9월 11일 사태 직후, 울포위츠 차관과 도널드 럼스펠드 장관 등, 국방부 고위 관계자들은 배후인물로 추정되는 오사마 빈라덴을 추적하기는커녕 되레 이라크를 공격하자며 목소리를 높였다. 이에 눈치 빠른 수사관 다수는 PNAC 보고서의 작자들이 기도해온 '신 진주만 습격'이 9/11 테러였는지 물었다.

A growing number of critical citizens began to question the accusations against an elusive Osama bin Laden as mastermind of 19 Arabic-speaking terrorists. The idea that they could commandeer, with only primitive boxcutters, four sophisticated Boeing commercial jets and redirect three of them, successfully, as apparently poorly-trained amateur pilots in air maneuvers which seasoned pilots claimed were near impossible, was creating growing disbelief among ordinary Americans in the official US Government version of the events.

the accusations against A as B A를 B라고 비난함 / commandeer 제멋대로 쓰다
primitive boxcutters 구닥다리 소형 칼 / sophisticated 최첨단 / commercial jets 민항기
redirect 항로를 바꾸다 / apparently ~로 보이는 / maneuver 책략 / seasoned 노련한
disbelief 불신

베껴쓰기

note: 문장이 매우 장황하니 논리적인 흐름을 따라가며 베껴 쓴다.

점차 수효가 늘던, 비판적인 국민들은 아랍어를 구사하는 19명의 테러리스트 중 배후인물로 오사마 빈라덴이 가장 유력하다는 주장을 문제 삼기 시작했다. 아무래도 아마추어에 불과한 그들이 문구점에서 파는 칼만으로 최첨단 보잉 민항기 넷을 제멋대로 조종하고 그 중 세 기의 항로를 성공적으로 바꾸었다는 점은 — 전문가의 소견에도 거의 불가능한 — 믿기가 어려운 탓에 정부측이 해명한 진상을 두고 불신이 점차 커졌던 것이다.

What became clearer in the months after 9-11 was that the attack was clearly used immediately by the Bush Administration, at the very least, as the pretext to launch a war on Islam under the name of a 'War on Terror,' the 'Clash of Civilizations,' which Harvard Professor Samuel Huntington outlined in the early 1990's.

at the very least 적어도 / launch a war on = wage a war on 전쟁을 선포하다
under the name of ~라는 미명(명분)하에 / outline 개괄적으로 쓰다

베껴쓰기

note: 정관사와 부정관사의 쓰임에 주목하며 옮겨 쓴다.

부시행정부가 '테러와의 전쟁War on Terror'이라는 미명하에 — 1990년대 사무엘 헌팅턴Samuel Huntington 하버드대 교수가 개괄적으로 주장한 '문명의 충돌'과도 맥락이 같다 — 이슬람과의 전쟁을 개시하기 위한 명분으로 9/11 사태를 이용했다는 점은 수개월이 지나서야 입증되었다.

외워쓰기

점차 수효가 늘던, 비판적인 국민들은 아랍어를 구사하는 19명의 테러리스트 중 배후인물로 오사마 빈라덴이 가장 유력하다는 주장을 문제 삼기 시작했다. 아무래도 아마추어에 불과한 그들이 문구점에서 파는 칼만으로 최첨단 보잉 민항기 넷을 제멋대로 조종하고 그 중 세 기의 항로를 성공적으로 바꾸었다는 점은 — 전문가의 소견에도 거의 불가능한 — 믿기가 어려운 탓에 정부측이 해명한 진상을 두고 불신이 점차 커졌던 것이다.

부시행정부가 '테러와의 전쟁War on Terror'이라는 미명하에 — 1990년대 사무엘 헌팅턴Samuel Huntington 하버드대 교수가 개괄적으로 주장한 '문명의 충돌'과도 맥락이 같다 — 이슬람과의 전쟁을 개시하기 위한 명분으로 9/11 사태를 이용했다는 점은 수개월이 지나서야 입증되었다.

Did the WTO Kill Lee Kyung Hae?

Raj Patel

I went to Korea to find out more about why Lee died. At the time of his death, Lee Ji Hye, one of his three daughters, said, "He didn't die to be a hero or to draw attention to himself. He died to show the plight of Korean farmers, something he knew from personal experience."

at the time of his death = when he died 그가 죽을 당시 / plight 곤경

베껴쓰기

note: 동격을 어떻게 처리하는지 눈여겨보라.

WTO가 이경해를 죽였는가?

라즈 파텔

이씨가 자살한 까닭을 좀더 파헤치기 위해 한국 땅을 밟았다. 그가 죽을 당시, 세 딸 중 하나인 이지혜 씨는 "아버지는 영웅이 되고 싶다거나 인기를 끌려고 돌아가신 것이 아닙니다. 궁지에 몰린 한국 농민의 실상을 보여주기 위해 돌아가신 겁니다. 그 사실은 당신의 경험으로 알게 된 것입니다."라고 말했다.

She was halfway around the world when she heard of her father's death. Kang Ki Kab was there at the time. Also a farmer, he is now a member of South Korea's National Legislature. Kang used to be a foot soldier with the Korean Peasants Association — he has his finger on the pulse of farmer politics and is a small-holding rice farmer. He, like Lee, knows the plight of Korean farmers firsthand.

halfway around the world 지구 반대편 / a member of National Legislature 국회의원
foot soldier 보병/중요하지만 실권은 없는 사람
the Korean Peasants Association 전국농민회총연맹 / firsthand 몸소 체험하여
small-holding rice farmer 소농

베껴쓰기

note: 부정관사와 정관사의 쓰임에 주목하며 베껴 쓴다.

부친의 부음을 듣고 그녀는 지구의 절반을 날아갔다. 현장에는 강기갑 씨도 함께 있었다. 농민이자 현역 국회의원인 그는 전국농민회총연맹the Korean Peasants Association에서 중요한 역할을 했으나 실권은 없었다(즉, 소농으로서 농민정책을 속속들이 파악하고 있었다). 그도 이 씨처럼 한국 농민의 고충을 몸소 겪어 이를 잘 알고 있었다.

외워쓰기

WTO가 이경해를 죽였는가?

라즈 파텔

이씨가 자살한 까닭을 좀더 파헤치기 위해 한국 땅을 밟았다. 그가 죽을 당시, 세 딸 중 하나인 이지혜 씨는 "아버지는 영웅이 되고 싶다거나 인기를 끌려고 돌아가신 것이 아닙니다. 궁지에 몰린 한국 농민의 실상을 보여주기 위해 돌아가신 겁니다. 그 사실은 당신의 경험으로 알게 된 것입니다."라고 말했다.

부친의 부음을 듣고 그녀는 지구의 절반을 날아갔다. 현장에는 강기갑 씨도 함께 있었다. 농민이자 현역 국회의원인 그는 전국농민회총연맹the Korean Peasants Association에서 중요한 역할을 했으나 실권은 없었다(즉, 소농으로서 농민정책을 속속들이 파악하고 있었다). 그도 이 씨처럼 한국 농민의 고충을 몸소 겪어 이를 잘 알고 있었다.

The most essential things for human beings are the elements — sun, air, water and food. These are the essential resources for people's lives. God decided that these things would be the enjoyment of all, so that all might live. He does not intend that we monopolize the elements — yet because they're so abundant, people treat them as trivial, they do not take them seriously. The trend, the wind behind the WTO, is the globalization of the capitalist system.

element 원소 / intend 의도하다 / monopolize 독점하다 / abundant 풍부한trivial 하찮은
take ~ seriously ~을 진지하게 생각하다 / capitalist system 자본주의 체제

베껴쓰기

note: 시제의 변화에 주의하며 옮겨 쓴다.

"인간이 살아가는 데 없어서는 안 되는 것을 '원소'라 하며, 햇빛과 공기, 물, 식량이 여기에 포함됩니다. 이들은 사람이 연명하기 위한 필수적인 자원입니다. 하느님은 모든 사람이 이를 누려야 한다고 말씀하셨습니다. 그분은 우리가 원소를 독점하는 것을 원치 아니하십니다. 그러나 사람들은 너무 풍족해진 탓에 원소를 하찮게 여겼고, 이를 더 이상 진지하게 생각하지 않았습니다. WTO 이면에 불어 닥친 트렌드는 바로 자본주의 체제의 세계화입니다."

The fundamental contradiction is the polarization of the rich and poor, with the poor getting poorer and the rich getting richer. Some might say that this is the natural logic of competition. But if you're a human being with reason and conscience, then the WTO should be eliminated. Agricultural products should be saved as a human right. To live, people need to eat. You cannot commercialize this. It's such an anti-human behaviour, not just anti-social, but anti-people.

fundamental contradiction 근본적인 모순 / polarization 양극화 / reason 이성
conscience 양심 / eliminate 제거하다 / sector 부문 / commercialize 상업화하다

베껴쓰기

note: 대명사가 무엇을 가리키는지 확인하며 베껴 쓴다.

"근본적인 모순은 빈부의 양극화, 즉 가난한 사람은 가난해지고 부유한 사람은 더 부를 쌓아올리는 양극화 현상이 생겨났다는 것입니다. 혹자는 이를 경쟁의 당연한 논리라고 말할지도 모릅니다. 그러나 이성과 양심이 있는 사람이라면 (여러분에 의해) WTO는 없어져야 마땅합니다. 농산물은 인권의 일환으로 보호를 받아야 합니다. 사람이 살려면 일단 먹어야 하니까요. 여러분은 이를 상업화해서는 안 됩니다. 그건 인간의 행동을 거스르는 짓인 데다, 반사회적일 뿐 아니라 반인간적인 작태입니다."

외워쓰기

"인간이 살아가는 데 없어서는 안 되는 것을 '원소'라 하며, 햇빛과 공기, 물, 식량이 여기에 포함됩니다. 이들은 사람이 연명하기 위한 필수적인 자원입니다. 하느님은 모든 사람이 이를 누려야 한다고 말씀하셨습니다. 그분은 우리가 원소를 독점하는 것을 원치 아니하십니다. 그러나 사람들은 너무 풍족해진 탓에 원소를 하찮게 여겼고, 이를 더 이상 진지하게 생각하지 않았습니다. WTO 이면에 불어 닥친 트렌드는 바로 자본주의 체제의 세계화입니다."

"근본적인 모순은 빈부의 양극화, 즉 가난한 사람은 가난해지고 부유한 사람은 더 부를 쌓아올리는 양극화 현상이 생겨났다는 것입니다. 혹자는 이를 경쟁의 당연한 논리라고 말할지도 모릅니다. 그러나 이성과 양심이 있는 사람이라면 (여러분에 의해) WTO는 없어져야 마땅합니다. 농산물은 인권의 일환으로 보호를 받아야 합니다. 사람이 살려면 일단 먹어야 하니까요. 여러분은 이를 상업화해서는 안 됩니다. 그건 인간의 행동을 거스르는 짓인 데다, 반사회적일 뿐 아니라 반인간적인 작태입니다."

And what has this to do with Lee Kyung Hae's suicide at the WTO? The reason I've told you all this is that I wanted you to understand the impact that the trade system has had on Korean farmers. The WTO policy is like a bomb to peasants. They can't even live with agricultural products.

suicide 자살 / bomb 폭탄 / peasant 소작농

베껴쓰기

note: 관용어구(have an impact on)의 쓰임새에 주목하며 옮겨 쓴다.

그렇다면 위 내용이 WTO 회담장에서 자살한 이경해 씨와는 무슨 상관이 있을까? 이 같은 정황을 기술한 까닭은 무역체제가 한국 농민들에게 끼친 영향을 독자 여러분이 이해하길 바랐기 때문이다. WTO에서 수립한 정책은 소작농에게는 폭탄과도 같다. 농산물이 있어도 살기가 빠듯하기 때문이다.

Before, a year's salary was the equivalent of eleven bags of rice. Now eleven bags is $700, which is one month's salary. In most of the farming towns, 60~70 percent of people are seventy years old. Since it's not so profitable, they're all in debt. They cannot pay back.

farming towns 농촌 / in debt 빚진 / pay back 갚다

베껴쓰기

note: 쉼표는 언제 찍는지도 유심히 봐야 한다.

과거에는 연봉이 쌀 11가마니와 맞먹었지만 지금 쌀 11가마니는 월급 수준인 700달러밖에 되지 않는다. 농촌은 대부분 70세 노인이 약 60~70퍼센트를 차지하며, 수지가 맞지 않아 모두 빚을 지고 있다. 그들에게는 이를 갚을 여력이 없다.

외워쓰기

그렇다면 위 내용이 WTO 회담장에서 자살한 이경해 씨와는 무슨 상관이 있을까? 이 같은 정황을 기술한 까닭은 무역체제가 한국 농민들에게 끼친 영향을 독자 여러분이 이해하길 바랐기 때문이다. WTO에서 수립한 정책은 소작농에게는 폭탄과도 같다. 농산물이 있어도 살기가 빠듯하기 때문이다.

과거에는 연봉이 쌀 11가마니와 맞먹었지만 지금 쌀 11가마니는 월급 수준인 700달러밖에 되지 않는다. 농촌은 대부분 70세 노인이 약 60~70퍼센트를 차지하며, 수지가 맞지 않아 모두 빚을 지고 있다. 그들에게는 이를 갚을 여력이 없다.